部活動 指導・運営 ハンドブック

[監修] 一般社団法人 日本部活指導研究協会

[著] 中屋 晋・大亀靖治・大津信亮・
高野 泰・板橋泰洋・西澤 隆

大月書店

はじめに

　部活動は，生徒がスポーツや文化に親しむきっかけとなり，学年・学級を超えた人間関係を結ぶ場になるなど，大きな教育的役割を発揮している。他方で，勝利至上主義に基づく過剰な練習や，指導者による体罰・ハラスメント，教員の過重労働などの問題も生じている。

　部活動の指導・運営については，学習指導要領にも十分な指針が示されておらず，悩みを抱える顧問教員や，ひとりよがりの指導に陥る者も少なくない。あくまで学校教育の一環として，多様な生徒の可能性を伸ばせるよう，生徒の自主性・自発性を促す指導・運営を心がける必要がある。保護者や地域との協力関係も欠かせない。

　本書は，こうした必要性に応えるために，部活動のあらゆる場面について，指導・運営の基準やポイントをまとめたものである。教員はもとより，部活動指導員など外部指導者，またそれらを志望する方々に広く活用されることを期待している。

●

　2017年に，学校外の指導者が部活動に携わる「部活動指導員」の制度ができた。また，2018年3月にスポーツ庁，同年12月に文化庁が，それぞれ部活動の在り方に関する総合的なガイドラインを示している。それに沿って現在，「部活動の適正化」および「教員の働き方改革」の一環として，部活動指導員を配置する動きが各自治体で進んでいる。

　そうした現状も念頭に置いて，本書では，学校教育における部活動の位置づけなど，教員にはすでに知られている内容も積極的に盛り込んだ。部活動に関わる全ての指導者のために，指導分野の専門知識だけでなく，部活動の教育的意義を理解するための手引きとしてご活用いただければ幸い

である。

　また本書は，一般社団法人 日本部活指導研究協会が主催する「部活動指導員検定試験」の公式テキストとしても位置づけられている。本書の内容を身につけたら，ぜひ検定試験にもチャレンジしていただきたい。

●

　本書の編集・執筆にあたっては，私自身の教職の経験，外部指導者の経験，海外の大学でのコーチ経験などをふまえ，網羅的な解説を心がけた。また，一般社団法人 日本部活指導研究協会の理事4名，および株式会社おもれい代表取締役の大亀靖治氏に，それぞれの知識と経験をもとに執筆いただいた。ご協力いただいた全ての方に感謝申し上げます。

一般社団法人 日本部活指導研究協会

代表理事　中屋　晋

1 | 部活動の意義と効果

1-1　部活動は学校教育の一環

　2008（平成20）年3月に告示された「中学校学習指導要領」において，部活動が「学校教育の一環」として初めて位置付けられた。その後の改訂を経ても，「学校教育の一環」という表記は継続されており，部活動は教育的な価値のある活動として位置付けられている。

中学校学習指導要領（2017（平成29）年3月）
　生徒の自主的，自発的な参加により行われる部活動については，スポーツや文化，科学等に親しませ，学習意欲の向上や責任感，連帯感の涵養等，学校教育が目指す資質・能力の育成に資するものであり，学校教育の一環として，教育課程との関連が図られるよう留意すること。その際，学校や地域の実態に応じ，地域の人々の協力，社会教育施設や社会教育関係団体等の各種団体との連携などの運営上の工夫を行い，持続可能な運営体制が整えられるようにするものとする。

部活動は課外活動であり，特別活動ではない

　学校教育の教育課程を大きく分けると，「教科活動」と「特別活動」に分けられる。部活動は，このどちらにも属さない「課外活動」である。
　特別活動には委員会活動，職業体験学習，修学旅行，卒業式，体育祭などの活動が含まれ，教科活動と並べられる学校教育の柱である。
　他方，部活動については，教育課程外であることを前提に，学習指導要

図表 1-1　教科活動と特別活動

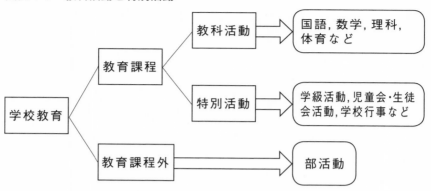

領では「教育課程と関連が図られる様に留意すること」と記されている。

　教育課程外という位置づけだが，部活動の教育的効果，実績は大きく，学校教育のなかで欠かせない教育活動になっている。

昭和40年代には「必修クラブ」と言われ特別活動だった

　部活動が教育課程内の特別活動だった時期がある。昭和40年代，「必修クラブ」というかたちで実施していた時期である。その後，1989（平成元）年の学習指導要領で，その「必修クラブ」を部活動で代替できるという規定となり，「部活動に参加すれば，必修クラブを履修したものとみなす」と決められた。このことが，後に部活動の存在を曖昧にしてしまうひとつの大きな要因にもなる。

　なぜなら，教育課程に明確に定義された「必修クラブ」と，参加してもしなくてもよい，教育課程上は実態が明確でない部活動を同じ扱いで処理したため，現場の教員の間で混乱を生じさせてしまったのである。

　その後，1998（平成10）年に「必修クラブ」は廃止され，学習指導要領のなかでの部活動についての記述は少なくなっていく。それに反比例して，部活動は広がりを見せ，学校教育のなかでの存在感を大きくして現在に至る。

図表 1-2　中学・高校における部活動の位置付け

学習指導要領の改訂年（実施年は 4 年後）		1969（昭和44）年〜	1989（平成元）年〜	1998（平成 10）年〜（高校は 1999（平成 11）年〜）
教育活動	教育課程	クラブ活動	クラブ活動を部活動で代替	
	教育課程外	部活動		部活動

(出典)東京都教育委員会「部活動基本問題検討委員会報告書」2005 年 10 月に一部加筆

自主的・自発的な参加

　学習指導要領においては，部活動は「生徒の自主的，自発的な参加により行われる」と記されている。

　部活動は，生徒が学級や学年を超えて自主的・自発的に集い，それぞれが目的や目標をもち，切磋琢磨することを通じて，人間関係の大切さ，組織を機能させることの重要さを学べる活動である。

　この「自主的・自発的」という点が，他の教科学習などとは大きく異なる特徴であり，生徒自ら参加・不参加を選択できることを意味している。指導者が強権をもって生徒を指導する場ではなく，各参加者の「能力」「適性」「興味・関心」に応じた活動を通して，より高度な技能や知識の習得を目指し，継続的におこなわれる活動である，という認識をもつ必要がある。

　そのため，部活動指導者は，生徒および保護者とのコミュニケーションの充実を図り，生徒による自主的・自発的な部活動運営を目指さなければならない。

　生徒どうしで部活動の方向性や練習方法等について話し合う活動を通して，生徒が主体的に目標達成や課題解決に向けて必要な取組みを考え，実践につなげる力を，発達の段階に応じて育成することが重要である。その過程で達成感や喜びを感じることができ，生涯にわたっての取組みにもつ

なぐことができる活動と言える。

　ただ，自主的・自発的な参加と言われる一方で，生徒のほぼ全員が加入している地域もあるなど，部活動への参加に対する意識はさまざまである。

　また，強制的ではないとしても，生徒によっては内申点等の評価を気にして部活動に所属するケースもあり，本来の自主的・自発的な参加とはどのようなものかという議論もある。

部活動への加入状況

　以下，部活動（文化部等を含む）への入部のあり方についての調査である。

　（1）中学生では，

「部活動への所属は，生徒の希望である」67.5%

「全員が所属し，活動も原則参加する」29.4%

「全員が所属するが，活動への参加は生徒の意思に任せている」2.0%

「全員が運動部と文化部1つずつに所属し，活動も原則参加する」0.4%
　であった。

　（2）高校生では，

「部活動への所属は，生徒の希望である」77.8%

「全員が所属し，活動も原則参加する」11.4%

「全員が所属するが，活動への参加は生徒の意思に任せている」7.6%

「全員が運動部と文化部1つずつに所属し，活動も原則参加する」0.5%
　であった。

（参考：スポーツ庁「平成29年度運動部活動等に関する実態調査報告書」2018年）

関係者・保護者・地域との連携

　部活動は，生徒の資質向上を目指す場であるだけでなく，保護者・地域から期待される生徒の健全育成に寄与する場としても重要になっている。

したがって，部活動を支える関係者，関連組織，周辺住民との関わりも重要である。

　たとえば，直接生徒に関わるのは顧問教員や部活動指導員だが，顧問教員が役員として高等学校体育連盟や高等学校文化連盟といった組織を運営している。また，卒業生は，大会の応援や寄付といった取組みで生徒を応援している。さらに，近隣住民からの応援・支援がなければ部活動は成り立たない。

　つまり，単に競技などの指導をすればいいのではなく，関係職員，保護者，卒業生，周辺住民といったステークホルダーにも活動を理解してもらい，協力を図っていかなければ，運営が成り立たない。このことについては，指導者が理解すべきなのはもちろんだが，生徒にも周知する必要がある。

1-2　部活動の意義と効果

　部活動には多くの意義と効果があると言われている。ここでは，「身体能力が向上する」「豊かなライフスタイルをつくれる」「社会性について学べる」「自己の力を確認・実感できる」「教科学習の学びを試せる」「学級内とは異なる人間関係をつくれる」という6点のメリットについて述べる。

（1）身体能力が向上する

　部活動に所属して身体を動かすことは，さらなる運動能力・技能の向上を促し，身体能力の向上につながる。とくに運動部においては，基礎体力の向上に大きくつながり，体力の向上によって病気への抵抗力を高め，健康の維持，活動の意欲や気力の充実に大きく関わる。とりわけ部活動に所属する時期は身体的，精神的な成長が著しく，この時期の部活動への参加は人間の発達・成長を支えていく上で大きなメリットがあると言える。

　活動を通じて身体の動かし方を覚えることが，脳の発達を促していくため，運動と心身の発達は密接に関連していると言われている。身体を動か

すことは，生徒の身体能力の向上のみではなく，知力や精神力の向上の基礎ともなる。

　図表1-3のように，半数以上の生徒が，運動部活動を通じて体力の向上を実感している。基礎体力の向上は，どの種目に取り組む場合でも必要となるものであり，部活動が果たす役割も大きい。

　ただし，過剰トレーニング等で生じる悪影響についても十分な配慮が必要であり，指導者は科学的な知見をもとに練習計画を立てる必要がある。また，発育段階によって，どのような体力要素にトレーニング効果が期待できるのかをしっかりと把握しておくことが重要である。発達期の指導者として，個人差や体力要素に注意を払い，「傷害予防」の観点から指導内容を検討することも大切である。

（2）豊かなライフスタイルをつくれる

　部活動はスポーツ，文化，科学等に共通の興味・関心をもつ生徒が自主的に集まる活動だが，参加生徒すべてが活動の経験者というわけではない。部活動が，それまで興味はあったが取り組まなかった活動に出会う機会になる。

　技能や知識の習得を目指す楽しみを知り，その過程において達成感や喜びを感じることができる。この楽しさや喜びが，生涯にわたって各種目・活動に関わることにつながり，豊かなライフスタイルにつながっていく。

　スポーツに関しては，2000（平成12）年に，生涯スポーツ社会の実現に向けて，スポーツ振興法の規定に基づくスポーツ振興基本計画が策定された。そのなかで，「できる限り早期に成人の週1回以上のスポーツ実施率が2人に1人（50パーセント）となることを目指す」と数値目標が示されている。また，文化活動に関しては，文化芸術推進基本計画も策定され，「すべての国民が真にゆとりと潤いの実感できる心豊かな生活を実現していく上で不可欠なものであり，この意味において，文化芸術は国民全体の社会的財産であると言える」とされている。

図表 1-3　運動部活動を通して得たこと

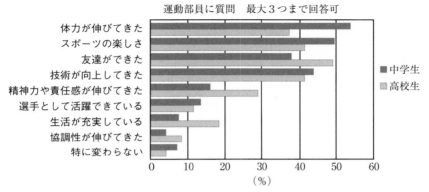

運動部員に質問　最大３つまで回答可

■中学生
■高校生

（出典）文部省（当時）「中学生・高校生のスポーツ活動に関する調査（平成 8 年度)」

　部活動は，文部科学省が設定している各計画を達成していく上で重要な
機会となり，生涯学習の推進に寄与する活動として位置付けられる。ただ
し，部活動指導者としては，部活動で経験したスポーツ活動，文化活動
を，在学中だけで終わらせることのないよう，それぞれの活動の魅力に親
しむことを前提に指導にあたることが重要である。

（3）社会性について学べる

　部活動は，学級や学年を超えて生徒どうしが活動を組織し展開すること
により，生徒の自主性，協調性，責任感，連帯感などを育成し，仲間，保
護者や指導者と密接に触れ合う場としての大きな意義を有する。
　また，部活動は，社会で生きる上で必要な知識を身につける機会であ
る。とくに剣道や柔道，弓道といった武道に取り組む部活動や茶道部など
では，日本固有の伝統的な礼儀作法について学ぶことができる。また，そ
の他の部活動でも，先輩，指導者，年長者に対する敬語や挨拶を学ぶこと
ができる。部活動は社会性を身につける場としての価値があり，指導者は
この点でも正しく指導をしていかなければならない。

部活動で学べる４つの社会性

〇自主性とは？

　自主性とは，他人からの干渉や保護を受けず，自ら独立してことをおこなう態度や性質である。人に言われる前に率先して「やるべきこと」に取り組むことであり，部活動においては，指導者からの助言の前に，生徒自ら練習方法を考え，掃除や備品の管理などをおこなうことである。

〇協調性とは？

　異なった環境や立場にある複数の者が，互いに助け合ったり，譲り合ったりしながら，同じ目標に向かって任務を遂行する素質である。学年や学級が違う者どうしが，部活動で設定した目標に向けて努力をすることで培われる。

〇責任感とは？

　自分の仕事・行為についての責任を重んずる感覚である。とくにキャプテンやリーダーといった役職で学べることはもちろん，マネージャーや書記といった，選手をサポートする経験から学ぶこともできる。

〇連帯感とは？

　ひとつにまとまっている感覚，一体感があるという意味である。これにより，仲間どうしのつながりが強固になる。部活動は１人で成果を残すことは難しく，それぞれが一体となって取り組む必要がある。そういった経験を通じて，連帯感を学び，経験することができる。

（４）自己の力を確認・実感できる

　部活動の経験を通じて，自分で思っていた以上の能力を発揮・実感するケースは非常に多い。こういった経験が，部活動に対する肯定的な意識の根底にあると言える。

社会人Oさんの場合

　私は小学生のころから剣道を始め，高校では県内の強豪校に進学しました。中学時代は大会で活躍はできませんでしたが，強豪校に進学し，高校時代に真剣に取り組んだ結果，県大会でベスト4に入ることができました。

　高校時代は練習や遠征，練習試合，合宿の負担が重く，勉強との両立も大変でした。ただ，社会人になったいまは，そのときの経験が役立っています。あんな大変な練習を経験したのだから，たとえ仕事が大変なときがあっても前向きに取り組むことができます。前向きに取り組める基礎ができたのは，部活動の経験が活きているのだと思います。

　部活動とは，優勝をしたチーム・選手以外は，かならず負けます。つまりインターハイでは，日本全国の高校の内で1校以外はかならず負けてしまう運命です。負けたときに何を学ぶかが大切だと思います。負けるという経験・挫折を通じて，社会に出たときに生き抜く力が身につくと思います。

（5）教科学習の学びを試せる

　部活動は，教育課程内の学習で学んだことを活かせる場となる。たとえば家庭科で学ぶ食育などは，日々の身体づくりとして知識を活用でき，部活動でのパフォーマンス向上に役立てることができる。部活動の指導を通じて，体育・健康に関する適切な実践を促し，生涯を通じて健康・活力のある生活を送れるようにしていかなければならない。

　運動部活動では，保健体育の授業内容と関連づけて実践できるケースが多いが，その他，理数系，文科系，芸術系の教科においても，部活動との連携によって教育効果を高めることは十分期待できる。

（6）学級内とは異なる人間関係をつくれる

　生徒が自主的に集い，集団としての目的や目標をもち，主体的な活動を

継続することで，責任感や連帯感など自己を高める態度と，自主的・自律的な心が養われる。また，学級や学年を超えてつくられた友情は，一生涯の仲間をつくるきっかけとなる。集団活動を通して「自己理解・他者理解」を深めながら，リーダーシップやチームワークといった組織運営を学び，人を思いやる心や人間関係のつくり方などの社会性が養われる。

　とくに，他学級だけでなく他学年，他校の生徒，OB・OGとの交流は，学校教育のなかでも，他の教育活動にはない特徴と言える。

　この本を読んでいる方のなかにも，部活動でつくられた人間関係が人生を実りあるものにしていると思う人も多いであろう。とくに，成人式，結婚式，そして人生の終焉を迎える葬式といった節目を一緒に喜び，悲しむ仲間を，部活動によって得た方も多いと思う。損得を抜きにして笑い合い，助け合える仲間は，生きていく上でとても大切であり，部活動で得られるチャンスが多い。

高校の部活動経験者の声

・技術だけでなく，礼儀や部活の運営の仕方など，これから生きていく上で大切なことをたくさん教わりました。
・幹部で悩んだことも，いまとなってはいい経験になりました。
・先生の，部員一人ひとりの性格や特徴に合わせた対応力のすごさに驚きました。
・私も先生のような，誰にでも信頼される大人になりたいです。
・先生のおかげで，部活を通して身体的にも精神的にも成長することができました。
・部活で学んだことを生かして，ポジティブで明るい自分になれるようがんばります。
・部活を続けようか迷った時期がありましたが，最後に皆で団結した試合ができたので，いまでは続けてよかったなと実感しています。
・受験期に何度もくじけそうになりましたが，部活のことを思い出して

がんばることができました。部活で身につけたことや考え方はすべてに通じるんだなと思いました。
・先生から聞いた「自分をチャレンジさせてくれる大人と付き合う」という言葉を忘れずに，自分もそんな大人になりたいです。

1-3 運動部と文化部

　ここでは部活動を大きく2つに分け，運動部と文化部のそれぞれについて記述していく。

　ただし，運動部と文化部の線引きについては，明確に二分できるわけではなく，ダンス部などでは競技ジャンルにより，いずれかに属している場合もある。また近年は，eスポーツ部といった新しい部活動も増えている。

運動部とは？

　いわゆる運動系部活動（以下，「運動部」）は，スポーツや武道といったものから，応援団や山岳部といったものまで含まれる。ダンスなどは地域により，体育連盟に所属する場合も，文化連盟に所属する場合もある。

　高校の場合，運動部の連盟組織は，高等学校体育連盟（以下，「高体連」）である。高体連には33の専門部がある。

専門部について
陸上競技，ハンドボール，スキー，登山，空手道，体操，サッカー，スケート，自転車競技，アーチェリー，水泳，ラグビーフットボール，ボート，ボクシング，なぎなた，バスケットボール，バドミントン，剣道，ホッケー，カヌー，バレーボール，ソフトボール，レスリング，ウエイトリフティング，少林寺拳法，卓球，相撲，弓道，ヨット，ソフト

テニス，柔道，テニス，フェンシング

（全国高等学校体育連盟ホームページより）

　中学校の場合も高校と同様に，中学校体育連盟（以下，「中体連」）があり，全国大会の開催などをおこなっている。

　中体連は，全国 10,370 校の中学校のうち 10,266 校と，約 99％ の中学校が加入している（日本中学校体育連盟ホームページ，2019（令和元）年度。学校数には学校基本調査の中学校・中等教育学校・義務教育学校を合算）。下記の種目において，全国の中学生を対象とした大会を，都道府県の持ち回りで開催している。

2019（令和元）年度の全国中学校体育大会における種目・大会
陸上競技，水泳競技，バスケットボール，サッカー，ハンドボール，軟式野球，体操競技，新体操，バレーボール，ソフトテニス，卓球，バドミントン，ソフトボール，柔道，剣道，相撲，駅伝大会，スキー，スケート，アイスホッケー

文化部とは？

　いわゆる文化系部活動（以下，「文化部」）は，音楽や美術などの芸術文化に取り組むもの以外にも，ボランティア，日本文化，教科学習，生活文化，自然科学，社会科学，趣味といった活動も幅広く含まれる。

　高校の場合，文化部の連盟組織は，高等学校文化連盟（以下，「高文連」）である。高文連には 19 の専門部会がある。

規定 19 部門（＋協賛部門）
演劇，合唱，吹奏楽，器楽・管弦楽，日本音楽，吟詠剣詩舞，郷土芸

能，マーチングバンド・バトントワリング，美術・工芸，書道，写真，放送，囲碁，将棋，弁論，小倉百人一首かるた，新聞，文芸，自然科学，協賛部門（2019年度は，特別支援学校・ボランティア・茶道・郷土研究などが設定された）　　　　　　　（全国高等学校文化連盟ホームページより）

中学校の場合も同様に，中学校文化連盟（以下，「中文連」）が存在する。

全国中文連は2000（平成12）年に設立され，翌年に「第1回全国中学校総合文化祭」が東京で開催された。2015（平成27）年に東京で開催された第15回全国中学校総合文化祭では，舞台発表として，合唱，吹奏楽，郷土芸能，演劇，ハンドベル，クラリネットアンサンブル，チアリーディング，ラジオ番組，テレビ番組が実施され，展示発表として美術，工芸，書写（書道），技術，家庭，新聞，写真といった展示発表がおこなわれた。当日は参加者も合わせて約4500名の来場があったとされている（東京都中学校文化連盟ホームページより）。

その後も，2019（令和元）年度は富山で開催されるなど，全国での開催を進めている。ただし，吹奏楽や合唱といった分野の部活動は，これまで各分野の連盟主催で全国規模の大会を開催しており，そちらの大会のほうに権威がある場合が多い。

図表 1-4　東京都の各部門の登録校数（2019年度，高校）

	加盟校数	演劇	音楽	放送	写真	囲碁	書道	美術・工芸	日本音楽	郷土芸能	かるた	将棋	文芸	新聞	軽音楽	茶道	自然科学	部門総数
国立	7	4	5			2	1	2			2	3	1	1				21
都立	183	134	135	5	59	6	26	115	13	23	13	16	18	4	8	58	9	692
区立	1	1	1					1					1		1			5
私立	175	84	19	24	17	17	31	5	13	4	27	29	2	6	56	5	6	345
計	366	223	160	29	76	25	58	123	26	27	42	48	22	11	115	63	15	1063

（出典）東京都高等学校文化連盟，2019（令和元）年度加盟校一覧より

各団体の大会

　高体連は毎年7月から8月中旬にかけて，全国高等学校総合体育大会（いわゆる「インターハイ」）と，12月下旬から3月末まで各種目の全国高等学校選抜等大会を開催する。その他にも，大会の後援や，全国高等学校定時制通信制体育大会（定時制・通信制高校の全国大会）などの運営もしている。

　ただし，野球の甲子園の場合は，高等学校野球連盟が主体となって取り決めをしている。

　高文連は，毎年8月初旬に5日間かけて，各県が全国高等学校総合文化祭（「全国総文祭」）を担当する。参加校は3500校，参加生徒数は2万名に上る全国大会である。さらに，全国総文祭で優秀な成績を収めた学校は，8月に東京でおこなわれる東京公演にも出場できる。ただ，地域にもよるが，吹奏楽，演劇，合唱，放送，軽音楽（高文連に部門がない場合も多い）などは，高文連主催の大会よりも，各連盟主催の大会に権威がある。そもそも高文連に所属していない高校もある（私立高校に多い）ため，高文連の大会より，連盟主催の大会参加をメインにしている文化部もある。

　［演劇部］高文連の下部組織である各都道府県演劇連盟主催のコンクールに，多くの学校が参加する。

　［吹奏楽部］社団法人全日本吹奏楽連盟主催の吹奏楽コンクールに，多くの学校が参加する。マーチングに取り組んでいる場合は，吹奏楽連盟主催のマーチングコンテストに参加する。

　［合唱部］社団法人全国合唱連盟主催のコンクールに加え，NHK主催のNHK全国学校音楽コンクールにも多くの学校・生徒が参加している。

　［放送部］NHK杯全国放送コンテストがもっとも権威がある。

　［軽音楽部］全国高等学校軽音楽連盟と，各都道府県軽音楽連盟主催による軽音楽コンテストが主催されている。

　本書で文化部と言う場合，「運動部以外のすべての部活動」を指し，高文連に部門がないものも含んでいる。

1-4　スポーツ・文化活動の意義

　スポーツ基本法の前文は，「スポーツは，世界共通の人類の文化である」という言葉で始まる。そして，この前文では，スポーツは次世代を担う青少年の人格の形成に大きな影響を及ぼすものとされている。

　また，文化芸術基本法の基本理念においては，文化芸術に関する教育について，「学校等，文化芸術活動を行う団体，家庭及び地域における活動の相互の連携が図られるよう配慮されなければならない」として，学校での文化芸術活動の推進を謳っている。

　スポーツの語源はラテン語の「deportare」で，"遠くへ運ぶ"の意味である。これは「気晴らし」といったような，心と身体にゆとりをもたらすものという意味合いである。一般的には「スポーツ」と「体育」が同様の意味として理解されているが，スポーツと体育は異なるという認識が必要である。

　すなわち，体育とは知育，徳育と並ぶ教育目標のひとつであり，まさに身体教育のことを指す。身体教育には義務的な意味合いが伴うため，スポーツとは区別する必要がある。体育として部活動に取り組むと，義務的な意味合いを強く意識するあまり，「やらなければいけない」という意識での指導になりやすい。

　スポーツだけではなく文化活動も，指導者の命令に黙々と従うことが求められるのではなく，あくまでも自発的に参加し，自発的に考え，自発的に動くことが根本にあることを理解する必要がある。

　運動部は体育ではなくスポーツをおこなうという前提で，本章で見たような意義を追求していくことが求められる。また，スポーツを文化のひとつと捉えるならば，文化部活動の意義も，運動部活動の意義と重なる部分が多い。その取り組みは，学校の一体感や愛校心を向上させる一面もあり，そのことを部活動の大きな意義として捉えている学校も多い。

　部活動を通して，生徒がさらに高い水準の技術やパフォーマンス，記録

に挑戦していくことで，スポーツ，文化活動の楽しさや喜びを味わい，豊かな学校生活を経験すること。その経験によって自己肯定感が高まり，その後の人生を毎日楽しく生きられるように，指導者は日常の活動から配慮して指導にあたることが肝要である。

2 | 部活運営の方向性

2-1　活動計画の注意点

　部活動の運営にあたって，目標の設定，計画の作成は不可欠の手続きであり，十分に時間をかけて取り組むことが大切である。

　顧問は，活動日，休養日および参加予定大会等を明示した毎月の活動計画を作成し，校長に提出しなければならない。

学校経営方針や生徒のニーズを踏まえる

　部活動は，学校経営方針に基づき，教務部から示された年間行事予定表と照合して，教育活動全体との関連を図りながら適切におこなわれるべきものである。この点を踏まえ，年間を見通して無理のない，計画的な指導をすることが求められる。

　加えて，生徒の状況を把握し，各々の目標や目的に沿った計画を作成することも重要である。そのために，入部時の話し合いや，生徒との日常的なコミュニケーション，活動時の表情や言動の観察を心がけたい。

　一方的な押し付けの計画や，活動時間が長く休養日のない無理な計画では，個々の個性を効果的に伸ばすことは困難であり，逆に個々の可能性を摘むことになる。

目標と計画は細かく定める

　目標づくりにおいては，長期（年間目標），中期（月目標），短期（週目標）と細分化して設定することが，PDCA（計画－実行－評価－改善）サイ

クルの効果をより高めることにつながる。その場しのぎの無計画な活動は，効率性を欠くばかりではなく，不慮の事故を招く原因にもなる。

　以下は，計画作成のために考慮すべき項目である。

　①目標とする大会・発表会の時期

　②部員の技術レベルの状態

　③季節や天候の状態

　④学校の行事予定や進路への準備スケジュール

　⑤外部指導者の出勤予定日

休養日の設定

　2018（平成30）年3月にスポーツ庁が策定した「運動部活動の在り方に関する総合的なガイドライン」では，適切な休養日の設定について，以下の基準を示している。

> ○学期中は，週当たり2日以上の休養日を設ける。平日は少なくとも1日，土曜日及び日曜日（以下「週末」という。）は少なくとも1日以上を休養日とする。週末に大会参加等で活動した場合は，休養日を他の日に振り替える。
> ○長期休業中の休養日の設定は，学期中に準じた扱いを行う。また，生徒が十分な休養を取ることができるとともに，運動部活動以外にも多様な活動を行うことができるよう，ある程度長期の休養期間（オフシーズン）を設ける。
> ○1日の活動時間は，長くとも平日では2時間程度，学校の休業日（学期中の週末を含む）は3時間程度とし，できるだけ短時間に，合理的でかつ効率的・効果的な活動を行う。

　同年12月に文化庁が策定した「文化部活動の在り方に関する総合的なガイドライン」でも，文化部の適切な休養日を同様に設定している。

部活動の方針を生徒の自治で決めさせる

　学校の教育課程は，「学習」と「自治」を基本概念として成立している。「自治」を取り入れた運営が，部活動の諸問題に対する有効な取り組みにもなる。決定させるまでのプロセスで社会参加意識を育てること，これこそ民主教育であり，社会人の育成につながる。

　また，部活動の内容について専門外の顧問が多いなか，専門性がないからこそ自治を活用すべきと言える。顧問が調整役として話し合いの場や課題を設定し，問題解決プロセスの教材として部活動を利用することもできる。

進路指導との兼ね合い

　学校教育における部活動の存在感は，教科活動以上のものがあり，進路先でも，教科活動と同等もしくはそれ以上に重点を置いて評価をしている場合がある。

　入試や就職活動などの進路に関わる調査書のなかでは，部活動の全国大会等の活動履歴は大きな評価ポイントであり，推薦基準として決定的な判断につながることはめずらしくない。

　部活動の参加の如何が調査書の記述に影響するという，曖昧な根拠による圧力が同調圧力を生み，参加を無理強いする空気を校内につくってしまう。いじめやパワハラがあっても，進路のために部活動を続けているケースが少なくない。

　進学に関わる進路指導では，部活動の成果をもとに学校推薦を利用するAO入試やスポーツ推薦等が多くの学校で制度化されているが，以下のようなさまざまな問題が指摘されている。

①部活動指導者が進路選択に過剰な権限をもちすぎる。

②部活動が学校生活の中心になり，教科活動がおろそかになる。

③スポーツ推薦枠では，入学後の退部が退学につながるケースがある。

　活動計画を作成する場合には，生徒の進路選択と部活動の関係にも留意

しなければならないが，過剰にプレッシャーを与えることがないよう注意する。

勝つことのみを目指さない

　部活動が学校教育の一環であるという理念に照らしても，活動の目的が勝利至上主義に偏ることは，学校教育の意義を歪めてしまうことになる。ただ，継続的にスポーツをおこなう上で，生徒が勝利を目指すこと，いま以上の技能や記録に挑戦することは自然なことであり，それを支援すること自体が問題なのではない。バランスのとれた指導・運営が肝要ということである。

　なぜ，勝つことのみを目指してはいけないのか。

①教育はプロセスを大事にする

　成長を目的とするならば，成果物のみに目を奪われるのではなく，そのために何を準備し，どんな行動をとったかというプロセスから学ぶことが大事である。

②生涯スポーツのためには，短期的な結果より長期的な喜びが大事

　長期間にわたって休息をとらない長時間練習の日々によって，バーンアウト（燃えつき）する生徒がいる。生涯にわたってスポーツを楽しめるよう，指導に配慮が必要である。

③体罰，暴言を助長するリスク

　評価の対象を勝利のみに置いた場合，指導者は勝つために即効性のある手段を選ぶものである。

④目標達成の方法は勝つことだけではない

　負けることからも学ぶべきことがある。失敗や挫折から再チャレンジすることの意義を，生徒に知らしめるべきである。

⑤身体を酷使することで健康被害を引き起こす

　勝つことを最優先した活動計画は，成長期の生徒の身体を酷使し，生涯を通じてスポーツを楽しむ基礎を壊す可能性が高い。

図表 2-1　入部手続きの流れ

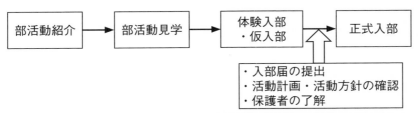

※保護者には保護者会で，学校経営のなかでの部活動の位置付け，活動の方針を伝える。

生徒には入部の際に，保護者には保護者会で理解を得る

　生徒の入部は4月に集中する。部活運営の方向性や特色は，部活紹介の行事の際に発表されるが，それに加えて入部の際に，顧問や外部指導者から説明をする必要がある。

　また，保護者に対しては，保護者会のなかで，学校経営における部活動の位置付け，活動の方針を伝え，さらに入部の際には部活動ごとに活動計画・活動方針を伝え，了承を得ることが求められる。

教育課程と関連させ，生徒の「生きる力」の育成を図る

　部活動の目的は，生徒の調和のとれた発育・発達と体力向上，および豊かな人間性や学校生活の充実などである。これらは生徒の「生きる力」を育むものであり，その活動は教育課程に関連付けておこなわれなければならない。

　たとえば，保健体育科の指導との関連を図ることによって，各種競技を「する」ことだけでなく，「見る，支える，知る」といった視点ももたせることができる。そのようにして，スポーツに関する科学的知見，社会的役割等を実感しながら学ぶことができる。

　また，芸術や歴史，芸能などのジャンルについても，教育課程で学んだことと関連付けることで，個々の興味関心の枠をより広げることができる。それによって，個々のやる気を新たな展開につなげ，生涯にわたる豊

かな関わり方を学ぶことができる。

　このように，教育課程外でおこなわれる部活動と，教育課程内の活動との関連を図るなかで，その教育効果が相乗的に発揮されることが重要である。

　「生きる力」とは――それは，知・徳・体のバランスのとれた力のこと
・基礎的な知識・技能を習得し，それらを活用して，自ら考え，判断し，表現することにより，さまざまな問題に積極的に対応し，解決する力
・自らを律しつつ，他人とともに協調し，他人を思いやる心や 感動する心などの豊かな人間性
・たくましく生きるための健康や体力　など

（文部科学省ホームページより）

2-2　バランスのとれた活動への配慮

「ブラック部活」と称されている現状

　部活動には多くの意義と効果があるが，だからといって，ひたすら部活ばかりやっていればいいというものではない。これまで学校教育のなかでは，部活動は好きな人が好きなだけやれば，良い教育効果が得られるという論理がまかり通ってきた。その結果，部員である生徒が，生活のほとんどの時間を部活動にとられ，休むに休めない状況になっている。メディアでは，心身ともに疲れ切っている状況を「ブラック企業」になぞらえて「ブラック部活」と称している。

　部活動に関わる教員についても，過酷な労働実態を捉えて「ブラック部活」と称されている。たとえば，文部科学省の教員勤務実態調査（2016年）では，41%の公立中学校教員が，労災認定基準でいう「過労死ライン」の月100時間を超える時間外労働をしており，その多くの部分を部活

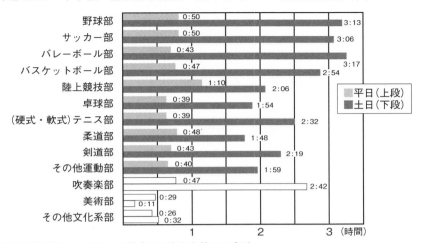

図表2-2　中学校　部活動種類別　週１日当たりの部活動勤務時間

凡例：
平日（上段）
土日（下段）

部活動	平日（上段）	土日（下段）
野球部	0:50	3:13
サッカー部	0:50	3:06
バレーボール部	0:43	3:17
バスケットボール部	0:47	2:54
陸上競技部	1:10	2:06
卓球部	0:39	1:54
（硬式・軟式）テニス部	0:39	2:32
柔道部	0:48	1:48
剣道部	0:43	2:19
その他運動部	0:40	1:59
吹奏楽部	0:47	2:42
美術部	0:29	0:11
その他文化系部	0:32	0:26

※勤務時間については，小数点以下を切り捨てて表示。
※「教諭」について，主幹教諭・指導教諭を含む。
(出典) 文部科学省初等中等教育局「教員勤務実態調査(平成28年度)の集計(速報値)」を基にスポーツ庁において作成

動指導に割いているという実態がある。このように，生徒も教員も，バランスを欠いた部活動のなかで疲れ切っている現状がある。

　生涯を通してスポーツを楽しむための長期的な視野に立った指導を考えるならば，バランスのとれた活動時間への配慮はたいへん重要である。

　近年，部活動の練習時間の負担が問題視されている。運動系，文化系を問わず，指導者の熱血指導によって「生徒をつぶす」危険性が指摘されている。また，過重な練習をおこない，熱心に打ち込み過ぎると，バーンアウト（燃えつき）のリスクがある。バーンアウトというほどではなくても，「もうやりたくない」と思う生徒を増やす可能性は高い。

　スポーツ庁が策定したガイドラインの趣旨のひとつは，生涯にわたってスポーツに親しむ人を増やすというところにある。

　文化庁のガイドラインにも同じことが言える。文化部活動の多くでは，運動部ほど怪我のリスクは高くないだろうが，時間という観点で見ると，

長時間の練習による問題点も多く指摘されている（音楽系や演劇，ダンスなどでは，長時間の練習が怪我等を誘発する可能性もある）。

　とくに文化部の場合，運動部に比べ，天候によって活動できない日があるわけでもなく，休養日がとりづらい状況もある。長時間の活動による過度の負担は，教科学習など教育課程への悪影響も考えられる。

　運動系，文化系を問わず，長期的な視野に立ち，バーンアウトさせることなく，成長期にある生徒が心身の健全な成長とバランスのとれた生活を実現できるように運営し，生涯にわたって豊かなスポーツや芸術文化等の活動ができるよう，部活動の望ましいあり方を考えていかなければならない。

「ブラック部活」の原因は何か
①指導の基準が曖昧なこと

　先にも触れたが，学習指導要領内での部活動についての記述は，以下のみである。

> **中学校学習指導要領（2017（平成29）年3月）**
> 生徒の自主的，自発的な参加により行われる部活動については，スポーツや文化，科学等に親しませ，学習意欲の向上や責任感，連帯感の涵養等，学校教育が目指す資質・能力の育成に資するものであり，学校教育の一環として，教育課程との関連が図られるよう留意すること。その際，学校や地域の実態に応じ，地域の人々の協力，社会教育施設や社会教育関係団体等の各種団体との連携などの運営上の工夫を行い，持続可能な運営体制が整えられるようにするものとする。

　つまり，指導の基準は，この記述を見て考えるしかない。

　教育課程外の活動なので，各教科の標準単位のような指導時間数の基準も，具体的な指導内容の基準も，部活動については示されていない。した

がって，ほとんどの方針は部活動の指導者に任されており，生徒への長時間の参加強制や，勝利至上主義など偏った指導に陥るケースが少なくない。

②自主的・自発的な活動として位置付けられていること

自主的・自発的におこなう活動と謳われていることで，過剰労働や長時間練習の実態があっても，ほぼ労務管理のないまま，一部の教員に負担が偏ってしまっている。

③指導者の研修制度が確立されていない

教員にとっては，時間もない，研修の機会も少ない状況である結果，部活動の指導スキルの低下を招き，生徒の安全が脅かされる現状になっている。

授業への集中力の低下を防止する

成長期にある生徒が，運動，食事，休養および睡眠のバランスのとれた生活を送ることは，非常に重要なことである。

学校教育の中心には教科活動があるが，部活動に時間をとられるあまり，授業に集中できないことのないよう，活動の計画段階で配慮しなくてはならない。実際に，授業と部活動の両立に悩む生徒は非常に多い。

限られた時間のなかで，効率のいい，質の高いトレーニングをするためには，指導者の質を向上させるという意味でも，ある程度時間を制限することが必要である。

言うまでもないが，学校教育のなかでは，授業にも部活動にも集中できる環境づくりがもっとも望まれる。図表2-3は「部活動への参加状況と平日の家庭学習時間」についてまとめたものである。「部活動に参加している」生徒は，「部活動に参加していたがやめた」生徒や「部活動に参加していない」生徒と比べて，平日に家庭学習を「ほとんどしない」の比率がもっとも低いことがわかった。したがって，学習活動の低迷の原因を安易に部活動に決めつけず，両者の相乗効果で生徒のよりよい発育に活用でき

図表 2-3　部活動への参加状況と平日の家庭学習時間（高校生）

	ほとんどしない	「15分」「30分」「45分」「1時間」「1時間30分」	「2時間」「2時間30分」	「3時間」「3時間以上」 4.2	無回答・不明 (%)
部活動に参加している（5,271名）	23.9	19.8	32.6	19.4	0.1
部活動に参加していたがやめた（546名）	32.2	17.2	27.8	15.9 6.6	0.2
部活動に参加していない（384名）	27.3	16.9	25.3	21.1 9.4	0.0

（出典）ベネッセ教育総合研究所「第2回　子ども生活実態基本調査」2009年

るよう配慮することが肝要である。

　部活動指導者としては，授業への集中力低下の防止を心がけるべきだが，この調査結果を念頭に，部活動が学校生活の充実のために有効な活動であることも同時に認識したい。

休む日，活動を振り返る日，考える日を設ける

　部活動の活動方針および活動計画において，部活動運営の理念や目標を示した上で，年間行事から長・中・短期的目標を立案し，練習や試合，発表会イベント等の活動計画について年間・月間の計画表を作成する。

　生徒が学校での活動と家庭での生活をバランスよくおこなえるよう配慮すること。文部科学省が2013（平成25）年に策定したガイドラインにおいては，以下のように記述されている。

> 　厳しい練習とは，休養日なく練習したり，いたずらに長時間練習することとは異なるものです。年間を通して，一年間を試合期，充実期，休息期に分けてプログラムを計画的に立てること，参加する大会や練習試合を精選すること，より効率的，効果的な練習方法等を検討，導入すること，一週間の中に適切な間隔により活動を休む日や活動を振り返ったり，考えたりする日を設けること，一日の練習時間を適切に設定すること等を考慮しつつ，計画を作成し，指導を行っていくことが必要です。

これらは，成長期にある生徒のスポーツ障害や事故を防ぐためにも，また，心理面での疲労回復のためにも重要です。

（文部科学省「運動部活動での指導のガイドライン」より）

　さらに，練習や大会参加等の計画的なスケジュールのためには，活動方針・活動計画は，かならず管理職による事前の承認を受けることが必要である。

　また，朝練については，自治体によっては睡眠不足や授業への影響が懸念されるという理由で，禁止あるいは，平日は１時間を目途とする，週２日に回数を制限するなど，規制を設定している教育委員会もある。教員の負担軽減の視点からも，今後，規制の流れは拡大していくと思われる。

図表 2-4　活動計画書の見本

○○中学校　○○部

年間目標	①基礎練習（フットワーク、シュート、ドリブル、パス等）に取り組む。 ②チーム練習やゲーム練習を通して、チームワークが大切なことを学ぶ。 ③試合を通して、相手に対する礼儀や思いやりの心を育てる。		
部員数 （令和○年○月現在）	1年：12人　2年：10人　3年：15人		
活動日	※教育委員会の方針に則り設定する。活動時間、休養日についても同様。 月・火・木・金・土		
休養日	水・日		
活動時間	平日	16：00～18：00	休日	9：00～12：00
主な活動予定	4月	基礎練習、チーム練習、試合形式の練習、春季ブロック大会	
	5月	基礎練習、チーム練習、試合形式の練習、春季ブロック大会	
	6月	基礎練習、チーム練習、試合形式の練習、夏季選手権大会	
	7月	基礎練習、チーム練習、試合形式の練習、夏季選手権大会	
	8月	基礎練習、チーム練習	
	9月	基礎練習、チーム練習	
	10月	基礎練習、チーム練習、試合形式の練習、新人大会	
	11月	基礎練習、チーム練習、試合形式の練習、新人大会	
	12月	基礎練習、チーム練習	
	1月	基礎練習、チーム練習、試合形式の練習、冬季大会	
	2月	基礎練習、チーム練習、試合形式の練習、冬季大会	
	3月	基礎練習、チーム練習	
参加予定大会	※年間の参加する予定の大会を記載する。 ※生徒や顧問の負担が過度にならないことを考慮して、参加する大会等を精査する。		
主な実績	H29年度	ブロック優勝、都大会出場	
	H28年度	ブロック大会多数入賞	
	H27年度	ブロック大会多数入賞	

○○部　○月活動計画書　　※年間の活動計画を基に月ごとの活動計画を作成する。

日	曜日	予定	活動予定時間	活動内容及び大会参加等
1 日	月	○	2 時間程度	基礎練習、チーム練習
2 日	火	○	2 時間程度	基礎練習、チーム練習
3 日	水	休		
4 日	木	○	2 時間程度	基礎練習、チーム練習
5 日	金	○	2 時間程度	基礎練習、チーム練習
6 日	土	○	3 時間程度	基礎練習、チーム練習、試合形式の練習
7 日	日	○	3 時間程度	基礎練習、チーム練習、試合形式の練習
8 日	月	○	2 時間程度	基礎練習、チーム練習、試合形式の練習
9 日	火	○	2 時間程度	基礎練習、チーム練習、試合形式の練習
10 日	水	○	2 時間程度	基礎練習、チーム練習、試合形式の練習
11 日	木	○	2 時間程度	基礎練習、チーム練習、試合形式の練習
12 日	金	○	2 時間程度	基礎練習、チーム練習、試合形式の練習
13 日	土	○	3 時間程度	基礎練習、チーム練習、試合形式の練習
14 日	日	全日		新人大会
15 日	月	休		
16 日	火	休		
17 日	水	休		
18 日	木	○	2 時間程度	基礎練習、チーム練習
19 日	金	○	2 時間程度	基礎練習、チーム練習
20 日	土	休		
21 日	日	休		
22 日	月	○	2 時間程度	基礎練習、チーム練習
23 日	火	○	2 時間程度	
24 日	水	休		
25 日	木	○	2 時間程度	
26 日	金	○	2 時間程度	基礎練習、チーム練習、試合形式の練習
27 日	土	全日		基礎練習、チーム練習、練習試合
28 日	日	休		
29 日	月	休		
30 日	火	○	2 時間程度	基礎練習、チーム練習
31 日	水	休		

> 大会への出場等により、活動日が連続することも想定される。

> 大会への出場等により、休養日が確保できない場合には、別日に振り替える等の対応をする。

> 原則として、活動時間が週当たり16時間を超えないようにする。

（出典）足立区教育委員会「足立区立中学校に係る運動部活動の方針」

3 | 適切な指導と コミュニケーション

3-1　コミュニケーションの重要性

　日常から生徒とのコミュニケーションを図ることはとても大切である。コミュニケーションとは，メッセージを伝え，その意図を共有することである。それによって生徒と指導者の間に，指導のベースになる信頼関係が構築され，人間関係を良好なものにすることができる。そのことは，生徒が自ら指導者に，日常的に思っていることを素直に言える環境の整備につながる。

　したがって，指導者が自分の考えや指導法を一方的に生徒に伝えて終わるのではなく，生徒に十分に伝わったか，そして理解できているかを確認することが必要である。またこのとき，もし生徒が十分に理解できていないとしたら，生徒の理解力がないからと考えるのではなく，どうしたら生徒に理解してもらえるかを指導者の側が考えることが重要である。

　さらに，生徒から話しかけられるのを待つのではなく，生徒とコミュニケーションを図るきっかけづくりとして，指導者から以下のような声かけを積極的におこなっていくことを推奨する。

・生徒に会ったら，指導者から積極的に声かけをする。
　「こんにちは！」
　「お疲れ様でした」
　「ありがとう」　など
・いいところを見つけ，褒めてあげる（声かけ，拍手，ハイタッチなど）。

「いまのプレー（演技，演奏）はよかったよ！」

「すごくがんばったね！」

「感動したよ！」　など

・わからないところ，うまくできないこと等がないか問いかけてあげ
る。

「わからないことはあるかな？」

「いまのコーチの説明は理解できた？」

「どうすれば，もっとうまくやれると思う？」　など

　なお，コミュニケーションは言葉（言語）だけでおこなわれるものでは
ない点も，あらためて認識しておく必要がある。これは非言語コミュニ
ケーションと言われている。

　生徒は，指導者と話していないときも，指導者のことを観察している。
どんな表情や態度をとっているか，どんな服装か，声のトーンや話す速度
はどうか，などである。

　生徒とよりよい信頼関係を構築するためには，言語だけでなく，身だし
なみやたたずまい等，非言語のコミュニケーションを充実させていくこと
が望ましい。

生徒がコミュニケーションの実践を通じて学ぶこと

　コミュニケーションの実践によって，挨拶や敬語が使えるなどの態度の
変化につながり，さらに授業への取組み，行事の準備や清掃活動への貢献
度などの変化があらわれ，その結果，周囲の好感を得ることにつながる。
そして，周囲がその生徒を応援したくなる。応援されると，がんばろうと
いう気持ちになる。がんばれるから部活で結果が出るようになる。この好
循環は，部活動を通じたひとつの大きな貴重な経験になる。

生徒のさまざまなコミュケーションのスタイル

　部活動には毎年さまざまな個性をもった生徒が入部する。コミュケーションのスタイルもさまざまである。

　たとえば，

・明るい性格で，誰にでも気軽に話しかける生徒

・無口で感情表現があまりない生徒

・リーダーシップを発揮する生徒

・まわりの雰囲気に流されやすい生徒　などである。

　このような多様な生徒に対し，指導者が同じように接していると，ある生徒とは信頼関係が構築できても，別の生徒とは信頼関係が構築できない，ということが起こりうる。したがって，指導者は相手に合わせたコミュニケーションをとることが望ましい。

　また，生徒は，指導者から注目されたい，たくさん教えてほしいと思っていても，とくに1年生のはじめのうちは，なかなか自分から指導者に話しかけられないこともある。そのため，指導者から積極的に声をかけ，話しやすい雰囲気をつくってあげることが大切である。

　注意しておきたいのは，指導者が注目した生徒に対して，その子にだけたくさん話しかけたり，指導したりすると，他の生徒が公平さに疑問をもってしまうことがある点である。その子を成長させることが，まわりの生徒やチームにとっても有益なのであれば，それを指導者から生徒たちにしっかり説明し，理解してもらうことが大切である。普段から生徒との間に信頼関係が構築されていれば，生徒たちからの理解も得られるはずである。

　コミュニケーションの充実によって構築された信頼関係は，直接的にも間接的にも，生徒間に指導者の方針を効果的に浸透させるために重要な要素になる。逆に，どんなに強い言葉で，どんなに長時間，指示を出しても，コミュニケーションの充実を心がけていない指導者の指示に対する理解は，得られることはないと考えてよいだろう。

3-2　肯定的な指導

生徒の意欲や自主的，自発的な活動を促す

　生徒が部活動の主体になることにより，競技としての面もさることながら，教育的側面でも，「組織」「目標設定」「行動」などを体感的に学ぶことができる。

　コミュニケーションスキルのひとつとして，肯定的な声かけの実践は，生徒のモチベーションを高く保つために有効である。決して頭ごなしの指導をしてはならず，生徒の自主的な活動を励まし，褒める姿勢が大切である。たとえ失敗しても，それを指摘するのではなく，そこから学ぶよう導く必要がある。

自分の感情をコントロールする

　生徒たちは，指導者が思う以上に指導者の態度を観察している。よい面だけでなく，悪い面もしっかり見ているものである。指導者の感情が部活運営に影響を及ぼすと，生徒たちは部活に対して不安を感じてしまう。この指導は自分たちのために考えられたものなのか，それとも指導者の気まぐれなのかと，指導者に対し疑心暗鬼になる。そして，誰のための部活なのか，なぜ自分はこの部活動に入っているのかなど，部活をおこなう意義を見失ってしまうこともある。

　指導者の感情は，生徒のため，部活のために向けられており，それが指導内容・方法に反映されている。その感情によって信頼を失ってしまっては，効果的な部活運営をおこなうことはできない。

　指導者は，自身の怒りのコントロールを学ぶ必要がある。怒りと向き合い，決して感情的にならぬよう，自分をコントロールできるようになれば，指導者による生徒への暴言や暴力行為を効果的に抑制でき，その結果，指導について客観性を保ち，生徒との良好な関係性を保つことができる。

怒りのコントロールとは，怒りの感情をすべてなくすということではない。怒りと向き合うために，心をいかに整理するかである。相手を攻撃，非難，否定するような怒りの表現は避け，相手を肯定的に捉えて，激励，発奮させる怒りを有効に利用することである。衝動的な怒りは，意図的に時間を置くなど，コントロールに間が必要となる。

継続意欲を失わせる言葉は不適切

　指導・応援として，生徒に対し激励の言葉をかける場面は非常に多いと思う。時に反骨心を煽ろうと，厳しい言葉を選択してしまうこともあるかもしれないが，それは間違いである。力任せの言動は，指導者の能力のなさを露呈する，思考停止による指導と言っていいだろう。そのような指導はもう時代遅れであることを認識しなくてはならない。

　たとえば以下のような言い方である。

「やる気ある？」

「言ってる意味わかる？」

「なんでこんなこともできないの？」

「使えないなあ」

「ちゃんと考えた？」

「真面目にやってる？」

「言われたことだけやっていればいいんだ」

「前にも言ったよね？」

「何度も同じことを言わせるな」

「もういい」

「そんなこと常識でしょ？」

「俺の若いころはこうだったのに……」

「期待した俺がバカだった」

「お前じゃ無理」

「言い訳はいいからやって」

3-3 トラブル，誤解を招く行動

　部活動指導においては，生徒や保護者とのトラブルや，まわりからの誤解を招くような行動をしてはならない。とくに異性を指導する場合には，セクハラと疑われたりしないよう，細心の注意が必要である。

（1）生徒との SNS 等でのやりとり

　携帯電話やスマートフォンなどの端末の持ち込み，使用について，制限を設けている学校は多いので，まず規則を確認する必要がある。

　練習や大会等に関する件で，生徒と SNS 等でやりとりする場合は，基本的にグループでおこない，できる限り 1 対 1 は避けること。また SNS 等でやりとりをする際には，私的なことは話さず，部活に関することに限定し，生徒から私的なことで質問されても必要以上に答えないこと。加えて，写真や画像等のアップロードはとくに配慮が必要で，可能な限り避けるべきである。

（2）生徒と 1 対 1 で話をするとき

　生徒と 1 対 1 で部活動に関する話をするときは，かならず人目のある場所でおこなうこと。教室などの部屋で話すときは，扉を開けて外から見えるようにしておく。またこのときも，生徒との私的な内容の会話は避けるべきである。

（3）異性を指導するとき

　異性を指導するとき，とくに男性指導者が女子生徒を指導するときは，身体に必要以上に近づいたり，安易に身体に触れることはしない。指導する上で身体に触れる必要がある場合は，はじめに本人に，その必要性について説明した上で許可を取ることが望ましい。

（4）写真・動画等を撮影するとき

　活動の記録や，映像による指導等の目的で撮影をする場合は，その利用の目的や公開の有無について事前に説明をおこない，その映像の管理についても責任をもって当たること。

（5）差別的な表現に注意する

　学校にはさまざまな生徒がおり，その個性や信条を尊重し，豊かな人間性を育成する場である。言うまでもなく，宗教や文化，性別や容姿，性的指向・性自認などの違いによる偏見・差別を含まない，政治・社会的に中立な表現を心がけなくてはならない。

　中立な表現のために，部活動の指導者は，日頃より社会情勢や世相を把握し，社会的マイノリティの人々の存在や主張について意識的に情報を採り入れる努力をすべきである。それによって，無知に起因する差別をおこなうことのないようにする。

　また，近年では外国籍や外国ルーツの生徒も増えており，人種・民族に対する配慮を欠く発言にも注意する必要がある。

　何よりまず生徒の心理的なダメージに配慮することが肝要であるが，校内に人権教育委員会やセクハラ対策委員会など，人権問題を取り扱う委員会が設置されている場合は，問題が起きた場合は事実関係をまとめて報告，相談をすること。

　問題が起きた場合の分析の基準
1. この事象の何が差別か
2. 誰が被害者か，加害者か
3. なぜその発言に至ったのか
4. どのような差別性・偏見があるのか
5. その偏見はどのようにもたらされたのか

4 | 科学的根拠をもった指導

4-1 指導の根拠

指導者の学びの必要性

　指導者は常に，効果的で合理的な指導を考えなければならない。そのためには，自身のこれまでの実践経験や指導経験のみに頼らず，常に根拠を明確に示した上で指導をすることが大切である。

　技術や戦術などの指導内容や指導方法，スポーツ医学・心理学に関しては，競技団体や研究機関，大学等で常に研究されており，発表された研究成果は，想定した理論について実験を重ね，数値等により科学的根拠が得られている。

　これらの科学的根拠を踏まえた上で指導法を考えることは，スポーツであれば事故防止，安全確保，発達段階に応じた適切な指導，スポーツ傷害・障害の防止につながる。

　また，身体的発達の個人差や，女子の成長期における身体の状態（性周期不全や貧血などを含む）に関しては，科学的根拠のある正しい知識を得た上で，記録や技術の向上といった目標を達成できるように配慮しながら指導することが必要である。

　運動部については，競技の特性を踏まえた科学的トレーニングを積極的に導入し，単なる長時間の練習に頼らず，適切な休養をとりながら，短時間で効果が得られる指導をおこなうこと。

　文化部についても，生徒が生涯を通じて文化・科学等に親しむ基礎を培うことができるよう，生徒とコミュニケーションを十分に図り，生徒が

バーンアウトすることなく，それぞれの目標を達成できるよう，休養を適切にとりつつ短時間で効果が得られる指導をおこなう。

　根拠のない過酷な指導により，才能があっても競技が怖くなり，種目そのものが嫌いになった選手たちもいる。また，厳しい練習により怪我をしてしまい，競技を続けられなくなったケースもある。

　スポーツ医科学を根拠にした指導を通じて，生徒たちはその指導者の姿勢に影響を受け，将来，指導者になることもある。将来のよりよい指導者を育成するためにも，現在の指導者が多くを学び，よりよい指導方法を実践していく必要がある。

　指導の根拠を的確に示すことができれば，生徒も適切な指導のもとで練習しているという納得の上で日々の練習に取り組むことができる。

　根拠を提示する手段としては，さまざまな方法がある。指導者が参加した研修会の資料や，著名な研究者の文献も活用できる。昨今ではインターネットでの情報収集も有力な手段である。その際，図解，写真，動画など，タブレット PC 等を活用することも有効である。

科学的な根拠がある指導法を用いる

　スポーツの技術指導は世界中で研究され，日々進歩している。そのため，指導者が現役時代に学んだ 10 年前の指導法は，あまり効果がないと科学的に証明されている場合がある。競技道具やフィジカル面等の進歩に伴い，その指導法が合わなくなっていることも十分考えられる。

　指導者が最新の正しい技術や知識をもつことが，限られた活動時間で効果的に上達，成長するための方法にもなる。したがって指導者は，科学的に根拠がある，または社会的に認知されている技術や知識，そして指導法を学び，それを生徒に正しく，わかりやすく伝えられるよう，日々学び続けることが求められる。

　最新の指導法を学ぶ機会は，セミナー受講，専門書や論文の購読，インターネットによる情報収集などさまざまあるので，自分に合った方法を見

つけてほしい。

旧来の知識と現代の知識

○水分補給について

旧来：練習中は水を飲まない

現代：熱中症予防のため積極的に水分，塩分をとる

○笑顔について

旧来：試合や練習中の笑顔は，真剣さが感じられず不謹慎

現代：笑顔になることでポジティブなイメージが湧き，パフォーマンス
　　　が向上する

○休息について

旧来：強くなるため，上手くなるためには休まず練習することが必要

現代：休むことで心身ともにリフレッシュでき，練習，本番に集中でき
　　　る。怪我の予防にも有効

○筋トレの継続について

旧来：筋トレを１日休むと，再開後３倍トレーニングしないと元に戻ら
　　　ない

現代：回復を待たずに筋トレを続けてしまうと筋肉繊維は成長しない。
　　　栄養素と休息により筋肉は成長する

4-2　生徒への伝え方

　生徒を指導する際には，取り組む目的，目標，効果などを説明することが大切である。そして，科学的な根拠等を示して説明することが，生徒の納得感につながり，指導効果を上げることになる。

　ひと通り説明をし終えたら，すぐにそれを生徒にやらせるのではなく，説明されたことをどれだけ理解したかを確認することが望ましい。下記は一例だが，このような会話では，生徒が本当に理解したかは不明である。

> 説明を本当に理解したか不明なケース
> 指導者「いまの説明はわかったかな？」
> 生徒　「はい！」
> 指導者「それじゃあ，実際にやってみよう」

　多くの生徒は，指導者から「わかった？」と聞かれたら，わかっていなくても「はい」と答えてしまう。その理由は，指導者から怒られたくないからである。「はい」と返事をしておけば，その場は怒られずに済む。

　よって，次のような問いかけをすることが効果的である。

> 説明の理解を深める
> 指導者「いまの説明はわかったかな？」
> 生徒　「はい！」
> 指導者「それじゃあ，いま聞いた説明を，君からみんなにもう一度してあげて」

　このとき，もし生徒がうまく説明できないのならば，それは伝えようとした内容を生徒が十分に理解できていないことのあらわれなので，もう一度指導者から説明してあげることが望ましい。生徒が理解できないのは，指導者の説明がわかりにくいためや，指導者の理解不足のためであることも十分に考えられる。

　生徒によっては，自分が部活で教わったことを学校の授業で他の生徒に教える場合もある。たとえば，体育の授業でバスケットボール部の生徒がクラスの生徒たちにバスケットボールを教える，ということがある。このとき，バスケットボール部の生徒は，部活動で指導者から教わった方法をそのまま真似することが多い。ということは，部活動指導者は単に部員の指導をしているだけでなく，クラス全員の指導者にもなる可能性があり，

それだけ影響力も増す。そのことを十分に理解した上で，教育者として部活動に関わってほしい。

4-3　適切な休養

　部活動指導者は，スポーツ医科学の見地から，トレーニング効果を得るために適切な休養が必要であること，また，過度の練習がスポーツ障害・外傷のリスクを高め，かならずしも体力・運動能力の向上につながらないことを正しく理解する必要がある。過去にはスパルタな指導方法で成果を出すことが美徳とされていた時代があったが，現代では評価されない指導方法だという認識をもたなければならない。

　あわせて，生徒の体力の向上や，生涯を通じてスポーツに親しむ基礎を培うことができるよう，生徒とコミュニケーションを十分に図り，生徒がバーンアウトすることなく，技能や記録の向上等，それぞれの目標達成ができることを目指さなければならない。競技種目の特性等を踏まえた科学的トレーニングの積極的な導入により，休養を適切にとりつつ，短時間で効果が得られる指導をする。

　また，専門的知見を有する保健体育担当の教員や養護教諭等と連携・協力し，発達の個人差や女子の生理痛・生理不順による体調不良等に関する正しい知識を得た上で指導しなければならない。

スポーツ医科学の観点からのジュニア期におけるスポーツ活動時間

　公益財団法人日本スポーツ協会では，平日の活動時間を2時間程度とし，休養日を週2日以上設けることが望ましいとしている。理由としては，行き過ぎたスポーツ活動はスポーツ外傷・障害やバーンアウトのリスクを高め，体力・運動能力の向上につながらないためとしている。

　具体的には，休養日を少なくとも1週間に1〜2日設けること，さらに，週当たりの活動時間における上限は16時間未満とすることが望ま

しいという研究結果が出ている。

（スポーツ庁「運動部活動の在り方に関する総合的なガイドライン」より）

　スポーツ医科学の見地に基づく適切な部活動の実施により，成長期にある生徒が，学業や多様な活動と両立したバランスのとれた生活を送るとともに，自らのニーズに合った活動をできるよう指導する必要がある。

4-4　指導者間の情報交換

　部活動指導者は，継続的に自己の資質能力の向上を図らなければならない。スポーツ庁の「運動部活動の在り方に関する総合的なガイドライン」には下記の記載がある。

指導・運営に係る体制の構築

　オ　都道府県及び学校の設置者は，運動部顧問を対象とするスポーツ指導に係る知識及び実技の質の向上並びに学校の管理職を対象とする運動部活動の適切な運営に係る実効性の確保を図るための研修等の取組を行う。

　部活動には，学習指導要領に定められた教科書や指導書がない。そのため，「教える教員の能力次第，経験次第」で指導がおこなわれやすい。部活動指導者は効果的な指導に向けて，自分自身のこれまでおこなってきた練習方法や経験だけに頼らず，継続的に資質向上を図る必要がある。

　指導方法を科学的に検証し，実践に活用することが重要である。個人の経験だけに基づいた指導方法による弊害も認識する必要がある。

偏った知識による指導の弊害
(1) 体罰や暴言等の指導法を肯定しやすくなる
(2) 生徒との意思疎通が困難になる
(3) 怪我や健康被害を助長してしまう
(4) 指導に対して保護者の誤解を招く

　指導者は，指導力向上を目指した研修会や，地域や大学等と連携した各種イベントに参加することで，常に最新の知識を学ぶことが大切である。また，各種目の検定・資格等を取得することによる各競技力の向上も必要になる。
　以下のような機会を活用し，広く指導者間で情報を共有していかなければならない。

（1）各連盟・協会の主催する研修
　高体連，中体連，高文連，中文連，教育委員会，日本スポーツ協会，日本文化協会等の関係団体が主催する研修に参加する。
○各都道府県の中体連・高体連，体育研究所や体育協会など
　統計・分析資料や学校管理下における災害事例に関する情報提供をおこない，各学校における体育・スポーツ活動中の事故防止対策の徹底を図っている。
○日本スポーツ協会
　指導者に加え，医療，栄養，スポーツ科学などの専門知識を生かした支援人材として，公認スポーツドクター，公認スポーツデンティスト，スポーツ栄養士といった資格を設けている。
○各競技の専門別の指導者研修会・講習会
　競技指導者としての専門的資質向上のための指導者研修会・講習会などが随時おこなわれており，その指導力の向上を図ることや，指導者の位置

付けと役割に応じたライセンス認定などをおこなっている。

（2）SNS 等インターネット上の交流の場を利用する

　インターネットを活用した情報収集もぜひ活用してほしい。練習方法に関する動画の活用や，各種 SNS による情報交換などは，費用もかけずに取り組むことができる。

（3）部活動に関する研究をおこなっている組織
○日本部活動学会

　部活動に関する学術的な研究を進めている団体。実践課題を明らかにし，分析や考察をしている。論文・研究発表を通じて科学的に部活動を検証している。
○一般社団法人　日本部活指導研究協会

　部活動を活性化させ，部活動が果たすことのできる役割を最大限に発揮させることを活動の目的としている団体。部活に関わる全ての人に対し，情報提供やネットワーク構築支援などをおこなっており，部活動指導者向けの講習会を定期的に実施している。

　当然のことだが，専門書等で知識を確認するなど，指導内容と方法について常に研究を続けることも忘れてはならない。
　上記以外にも，各地域，種目によりさまざまな講習会・勉強会が開催されている。部活動指導者は，地域において各部活動の価値を広め，地域の部活動の推進役としての資質向上を図り，研修等を通じて国内外の最先端の指導方法などを常に学ぶ姿勢が大切である。

5 ｜ 体罰・ハラスメントの根絶

5-1 体罰・ハラスメントは許されない

　厳しく指導することと，体罰・ハラスメントとの間には，明確に一線を引く必要がある。部活動を含めた学校教育の場において，体罰・ハラスメントはいかなる場合でも決して許されない。

　体罰，すなわち身体的な暴力だけではなく，精神的な暴力・いやがらせであるハラスメント（人格・人間性の否定や暴言など）もあってはならない。生徒が理解できない，受け入れられない要求を部活動指導者に強制されることで，将来にわたって心の傷を負うこともある。

　相手の心を傷つけるような暴言や態度も「教育指導の一環としておこなっている」と指導者が主張し，理不尽な言動や乱暴な行為が許されてしまうと，生徒は指導者を尊敬できなくなり，信頼関係は失われる。また，生徒は同じ被害を受けないように，嘘を報告する等の対応をするようになる。部活動指導者は，生徒の人権を尊重し，楽しく学び自ら成長しようとする意欲を育む教育活動の実践に努めなければならない。

　なかには「体罰・ハラスメントには指導効果がある」という間違った認識もあり，指導者自身が，体罰・ハラスメントを受けたことで成長したと体験的に実感している場合がある。体罰やハラスメントで言うことをきかせるシステムは権威濫用であり，許されるものではない。

　また体罰・ハラスメントは，部活動指導者から生徒に対してだけでなく，上級生から下級生，同学年の生徒どうしでおこなわれている場合もある。生徒どうしの場合は，おこなった本人はあまり自覚がない場合もあ

る。人間関係の問題から，被害者が精神を病んでしまうこともある。指導者としては，自身のおこないを正すことはもちろん，部活動内での体罰・ハラスメントも防がなければならない。

　体罰等の指導に対する調査では，体罰を含む過酷・過重な指導環境に打ち勝ってきたスポーツ選手ほど体罰肯定派が多いという報告がある。指導の場において，横のつながりのない孤立した状態では価値観が偏りやすくなり，体罰という安易な手段で結果を求める意識傾向につながる。つまり，組織的な取組みの欠如が体罰を誘発するとも言える。

　体罰を肯定的に捉えている指導者の多くは，体罰の与える悪影響についての認識が甘い。よって認識を改めるべく，研修等に定期的に参加を促すことを組織的に取り組む必要がある。

生存バイアスによる体罰の肯定

　体罰を肯定する意識は「生存バイアス」をベースに形成されたものではないかという説もある。「生存バイアス」とは，最終的に生き残った者しか調査の対象としないことで，統計的なバイアス（偏向）が出てしまう現象を言う。個人の成功体験に基づいたデータのみを集計すると，同じ体験をして脱落していった人たちの傾向を見落としてしまう可能性がある。

　殴られてよかったという成功体験は，たまたま成功している人の話が耳に入りやすいだけで，バイアスがかかっていると言える。このような体罰に対する偏った認識は，組織的な取組みで改善を徹底することが不可欠である。

　また，生徒との信頼関係を過信した結果，行き過ぎた激励が体罰につながることもあり，これも体罰の大きな原因である。この場合，生徒とのコミュニケーション不足がもとにあると考えられる。

　大切なことは，特定の集団内だけの価値観にとらわれず，広く情報を共有し，効果的な指導方法を調査研究する機会をもつことである。

5-2　体罰・ハラスメントの例

　学校教育法，運動部活動をめぐる判例，社会通念等から，指導者による下記の①～⑥は体罰・ハラスメントとみなされる。指導者と生徒との間に信頼関係があれば許されるとの認識は誤りである。部活動指導者は，どの行為が体罰・ハラスメントに該当するかを認識しなければならない。

①ビンタ，正座，叩く，げんこつ，意味なく立たせる・走らせる・掃除させる，蹴る，髪を強制的に切るといった行為

②社会通念，医科学に基づいた健康管理，安全確保の点から認められない，または限度を超えたような肉体的，精神的負荷を課すこと

［具体例］

・長時間にわたっての無意味な正座

・直立等，特定の姿勢の保持や反復行為をさせる

・熱中症の発症が予見されうる状況下で水を飲ませずに長時間ランニングをさせる

・相手の生徒が受け身をできないように投げたり，まいったと意思表示しているにもかかわらず攻撃を続ける

・防具で守られていない身体の特定の部位を打突することをくりかえす

③ハラスメントと判断される言葉や態度による脅し，威圧・威嚇的発言や行為，嫌がらせ等をおこなう。生徒の人間性や人格の尊厳を否定するような発言や行動

［具体例］

・脅迫：「お前なんか辞めてしまえ」「部活辞めさせてやる」

・名誉毀損：「このアホが」「お前はチームに必要ない」

・侮辱：生徒の前で「お前，幼稚園からやり直せば？」

・暴言：「殺すぞ」「死ね，ボケ！　カス！」

・隔離：「明日から部活来なくていいよ」「お前はもう必要ない」

・無視：話しかけても無視する

・無理な要求：部活で不要なことや，無理なことの強制など

　その他にも，過去の過ちを執拗なまでに蒸し返したり，責めたりした場合はパワハラとみなされる。

④セクシャル・ハラスメントと判断される発言や行為

　セクシャル・ハラスメントに該当する行為は，被害者の意識によって判断される。行為の当事者がどのようなつもりでも，行為を受けた相手が精神的苦痛，嫌悪感を感じた場合はセクシャル・ハラスメントと判断され，処罰の対象になる。

　セクシャル・ハラスメントは，信頼関係や権力関係の濫用により生じる。

［具体例］

・第三者から理解を得られない状況でマッサージ・テーピングをする
・性的な内容を含むメールを送る
・断りなく異性の更衣室に入る
・性的な冗談を言う
・２人きりの密室に呼び出す
・合宿先で異性の部屋に泊まる
・セクシャル・マイノリティ差別
・身体や容姿に関わる発言

5-3　通常の指導による肉体的，精神的負荷と考えられる例

　部活動をおこなう上で，肉体的，精神的負荷を通じて成長を促したり，ルールを守るために必要な指導をすることは，体罰・ハラスメントには当たらない。ここでは，実施可能な，通常の指導による肉体的，精神的負荷として考えられる例を挙げる。

練習に関する指導

・バスケットボールで，シュートの技能向上の練習方法であることを理解させた上で，さまざまな場所からシュート練習をさせる。

・レスリングで，まずは受け身の上達が必要なことを理解させ，新入部員にさまざまな受け身を反復しておこなわせる。

・ラグビーの試合で，スクラムを失敗したことにより負けたため，重要性を理解させるため，翌日スクラムの練習を中心におこなわせる。

・練習に遅刻した生徒に対して，先に参加していた生徒はすでにおこなった基礎練習を十分にしてから技の稽古に参加させる。

・試合で負けた理由を考えさせ，ミーティングで改善策や工夫方法について意見交換をさせる。

教育の場として必要な取組み

　部活動での規律を維持するためや，活動を円滑におこなうために必要な取組みもある。あくまで合理的な理由の範囲で，下記のような例は想定される。

・試合中に危険な反則行為をくりかえし，指示を聞かず，改善の意思がみられない場合，試合から退場させ，反則行為の危険性等を説諭する。

・とくに理由なく遅刻をくりかえす生徒を，試合に出させず，他の選手の試合に臨む姿勢や取組みを見学させ，今後の取組姿勢の改善を促す。

・生徒どうしの暴力行為（けんか・いじめ）に対して，これを制止し，目前の危険を回避するためにやむをえずした力の行使。たとえば，試合中に相手チームの選手とトラブルとなり，殴りかかろうとする生徒を押さえ付けて制止させるなど。

・生徒から部活動指導者に対する暴力行為が発生し，指導の懲戒行為としてではなく，防衛のためにやむをえずした力の行使は，正当防衛または正当行為等として刑事上または民事上の責めを免れうる。たとえば，生徒が指導に反抗し，指導者を蹴ったため，生徒の背後に回り体をきつく

押さえるなど。

　体罰・ハラスメントはいかなる場合でも許されない。ただし，指導との線引きが難しい場合もある。そういったときは，合理的な理由を生徒に伝え，指導の必要性を周知した上で取り組んでいかなければならない。
　体罰事案が深刻化する前には，かならず予兆がある。暴言・暴力を容認する学校文化や人間関係が，深刻な事件につながることが多い。体罰・ハラスメントの重大性について指導者間で理解を深め，また学校内のガバナンス体制も整え，予兆を感じた場合は常に聞き取り調査を遅滞なくおこなうことが大切である。

6 │ 生徒の自立的な取組み

　この章では，部活動において生徒の自立的な取組みを促すためには，どのような指導を心がければいいのかについて述べる。

　学校現場では，生徒の自主的，自立的な取組みは，教育課程にある文化祭や生徒会活動ですら，それらを発揮させるために多くの苦労を要している。ましてや課外活動の部活動において，自主性を発揮させる指導にはなかなか至らないのが現実である。

　しかし，部活動を指導する時間的な余裕もない，専門性もない教員にとってこそ，生徒の自立した取組みを実践することで，無理のない部活動指導の環境づくりが可能になる。

6-1　生徒の自立した取組みを促し育てる

　前述の通り，学習指導要領においては，「部活動は教育活動の一環として」おこなわれるものであり，部活動は「生徒の自主的，自発的な参加により行われる」ものであると示されている。指導者はそれを念頭に置いて，生徒が自主的，自発的に行動できるような指導をすることが重要である。

　生徒が部活動に参加する目的は，学校内で友達をつくりたい，いままでに経験したことのないものにチャレンジしてみたい，好きなことを極めたい，大会で上位入賞したい，などさまざまである。こういったさまざまな目的のもとに集まった集団を，組織的にまとめることは容易でない。

　部活動によっては，指導者が一方的に活動内容や活動時間，部内のルー

ルを決めるというところもあるが，それでは生徒は何も考えずにやらされるといった受け身の立場を取らざるをえない。そうではなく，自分たちが主体となって部活動を運営していると生徒自身が実感できるような組織体制を考える必要がある。そのためには，部活動に関することを生徒自ら決めることが望ましい。

生徒が自分たちで決める内容の例
・練習日，活動時間（週3回，1回2時間など）
・練習内容（競技レベル，経験によって分ける，練習メニュー作成など）
・部の目標（何を目指して活動するか？）
・どの大会にエントリーするか
・練習や大会を休むときのルール（学校行事，家庭事情，個人の都合なども考慮する）

　生徒の主体性を軸とする部活動の運営について，いくつか考慮すべき点もある。
①学校の施設利用
　練習日などに学校の施設を利用する場合は，他部活との話し合いが必要となるため，生徒の希望に応えられない場合もある。
②活動予定と個別の事情
　生徒はそれぞれ個人や家庭においてさまざまな事情を抱えているので，すべての練習，大会に参加できない場合もある。たとえば，模擬試験を受ける，家族旅行に行くなどで部活動を休む生徒もいる。
③安全管理
　部活動を生徒自ら運営することで，生徒の主体性を育てることは重要なことだが，活動する上での安全性については指導者の目を十分行き届かせておく必要がある。あくまでも管理責任は指導者にあり，施設や用具使用時の注意，交通事故等への配慮，あるいは個々の体調や活動時間について

も適切に監督する必要がある。

④生徒間のトラブル

　学校内において人間関係に悩む生徒の割合は多く，同学年，他学年（先輩・後輩）との関係において，いじめ等の行為があった場合の対処は的確になされなければならない。とりわけSNS等の普及によるトラブルは増加傾向にあり，ルールの周知徹底が望まれる。

　以上の点を考慮した上で，指導者は必要に応じて適切なアドバイスを与えることで，生徒が自立した取組みができる部活動へと導くことができる。

6-2　生徒自身による目標設定とフォローアップ

目標や課題を自ら設定する

　部活動の目標は，指導者が一方的に決めるのではなく，生徒たちで話し合い自ら設定することで，生徒はその目標に責任をもち，絶対に達成したいと思うようになる。そしてそれが，生徒が部活動に主体的に取り組むことにつながる。

　個々の心身特性に合った目標を立てる必要もある。生徒たちは身体的な特徴もそれぞれ違いがあり，精神的な特徴もさらに違う。そのため，同じ部内でも誰ひとりとして同じ目標になることはなく，それぞれの特性に応じた目標や課題を設定することが大切である。生徒それぞれの特性を知るために，スポーツ身体テストや心理学テストなどを活用することもある。

　また，日々の練習メニューを指導者が一方的に生徒に与えるのではなく，生徒の自主性を尊重し，生徒が自分たちの課題を克服するためにはどんな練習をすればいいのかを考えて，試行錯誤しながら練習メニューをつくるようにすることも効果的である。そうすることで，生徒は部活動をやらされているのではなく，自分たちで運営し作り上げているという思いをもつことができる。

図表 6-1 メニュー作成担当チームが交代でメニューを作成し，それを指導者がチェック。ある高校のテニス部の生徒が作成した，ある日の練習メニューシートの一部

X 月 XX 日　9：00 ～ 12：30　　　　　　　　休み：A さん，B さん

AM 9：00 ～

ウォーミングアップ
・体操
・ランニング　⎫ 10 分
・素振り
・サーブ　　　⎫ 20 分

　　　　　　3 分休憩

目標

自分の目指しているフォームでコースを打ち分けられるようにする。
シングルスのショットの種類を増やす。

9：35 ～　コースの打ち分けを意識したラケット出しの 1 本打ち。

Why ：シングルスで自分の狙ったところを正確
　　　に狙えるようになるための基礎づくり
How ：ストレート→ストレート→クロス→クロ
　　　スを狙う
　　　制限をつけた斜線部分のみが IN
Point ：体制が崩れないように。必ず真ん中に
　　　戻ってスプリットステップ

20 分
1 周交代（1 年生も）
一人 4 球

（水飲み休憩）

試合や大会への出場についても，「毎年出場しているから今年も出る」「顧問に言われたから出る」という理由だけでは，生徒の成長はあまり期待できない。なぜ出場するのか，その目的や意味，効果などを，生徒自身がよく考え理解するよう，指導者が促すことが望ましい。

　指導者は，生徒が作成したメニューを確認し，練習がよりよいものになるように，メニューの内容や実施方法に関して生徒にアドバイスをする。

　図表6-2に示した目標設定は，実際に高校テニス部の生徒が作成したものである。作成の手順は，

①はじめに顧問から目標設定の方法をレクチャーする。

②その後は部員のみで話し合い，目標設定に必要な項目を埋めていく。

③作業の途中で指導者が内容を確認し，適切なアドバイスをする。

④目標設定の期間中は定期的に進捗状況を確認する。

　作業開始は，夏の団体戦が終わり幹部交代をした後で，完成までに2カ月程度を要する。この作業は幹部である2年生が主導するが，1年生も作業に関わる経験が，のちに役に立つ。

　効果的な目標設定にするためには，作業の途中で指導者が内容を確認し，適切なアドバイスをするのがよい。また，目標は設定して終わりではなく，目標設定の期間中は定期的に進捗状況を確認することが大切である。このとき，必要なら結果目標をさらに上げたり，下げたりすることで，生徒のモチベーションを保つことができる。

個々の生徒の状況を把握しフォローアップする

①練習日誌

　ノートなどを利用し，生徒自身が目標や課題とともに，日々の部活動の取組みを日誌のように記録していく。それを定期的に指導者に見せることで，練習の取組み状況はもちろん，心理面の部分でも，指導者が現状を把握することができる。それを踏まえた上で生徒にアドバイスをおこなうことで，長期的なフォローアップができ，さらには指導者と生徒の信頼関係

図表6-2　ある高校テニス部による目標設定の例

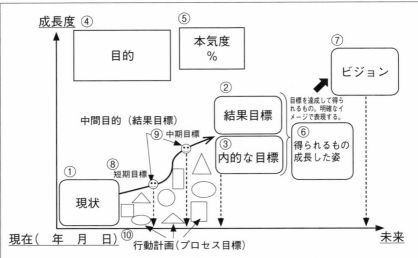

①現状：9月XX日　7月の団体戦ベスト16
②結果目標：夏の団体戦ベスト8
③内的な目標：がんばってよかったと思えて自信がもてる
④目的：ベスト8を経て，自信ややる気を身につけ，それぞれが受験や
　社会に出たときに活かせるように強い人間になるため。
⑤本気度：120％
⑥得られるもの：団結力，自信に満ちあふれてる。自信をもっていてキ
　ラキラしてる人。
⑦ビジョン：最後まで諦めない人になっている。まわりにやる気を与
　える人になっている。
⑧短期目標：新人戦4回戦以上
⑨中期目標：春の団体戦3回戦突破
⑩行動計画：～12月　体力づくり
　　　　　　　1月　冬の個人戦
　　　　　　　2月　体力づくり，基礎固め
　　　　　　　4月　春の団体戦に向けて
　　　　　　　5月　春の団体戦
　　　　　　　6月　夏の団体戦に向けて
　　　　　　　7月　夏の団体戦

構築にもつながる。

　また，指導者による同意や励ましのコメントは，持続的にモチベーションを高くもつことにつながる。自分で望んだ状態に向かうためのモチベーションが高まり，練習にも意欲的に取り組むことができる。

②部内の意思決定，ミーティング

　指導者からの一方的な伝達にならないことが望ましい。常に生徒の意見を汲み上げるようにし，指導者がひとりで考えひとりで対応することはやめる。生徒を励ます側に立ち，さらに部活動を通して民主教育や社会参加意識の育成をすることも意識する。

　ここでは，「通常ミーティング」「反省ミーティング」について紹介する（参考：杉本直樹『部活動指導スタートブック』明治図書，2015年）。

　「通常ミーティング」は，生徒だけで主体的に話し合わせるものである。顧問が先導する場合もあるが，それは必要最小限にとどめる。この方法は，部活の目標を検討したりする場合に有効である。顧問はあえて席を外し，生徒たちに主体的に考えさせることが大切である。顧問が話し合いのなかに入ってしまうと，その意見が絶対的となり，生徒はどうしても発言を遠慮してしまう。ミーティングのテーマとして考えてほしいことがある場合は，大まかなテーマや方向性だけ生徒に与え，あとはキャプテンや部長に全権移譲をする。

　「反省ミーティング」は，部の方針の徹底や安全確認をする場となるため，顧問の主導でおこなう形になる。生徒どうしの視点では見えない問題点や課題を伝え，それらについての改善策やアドバイスを伝える場として活用できる。一般的には，練習後「ありがとうございました」という大きな号令の後，日々の活動の総括・反省をする場のなかでおこなうことが多い。

　このように，日々のミーティングでも意図を明確にし，あり方を使い分けることが有効である。

6-3　生徒に考えさせる工夫

　指導者は一方的に指示を出して生徒にやらせるのではなく，さまざまな質問をすることで，思考力・判断力・表現力等を育成することができる。

　質問は，「はい」「いいえ」のようなクローズド・クエスチョンだけでなく，答えが決まっていないオープン・クエスチョンを使うことで，生徒はより深く考えてから答えるようになる。

［質問例］
・今日の目標は何？
・どんな結果を望んでいるの？
・実現したらどんな気分になる？
・何にチャレンジしたい？
・どうしてそれをしたいの？
・うまくできたらどんな気分になる？
・うまくできたって，どうしてわかるの？
・現在できていることと，できていないことは何？
・どんな手順で実行する？
・どんな作戦を練っているの？
・いままでにどんなことを試してみた？
・他に考えられる選択肢はある？
・もし，うまくいかなかったらどうなる？
・いまの君の行動を止めているものは何？
・本当はどうしたいの？
・いまのプレー（演奏，演技）は，どこがよかった？
・どうして今回はうまくできたと思う？
・いまやったことを，説明してくれる？
・ミスの原因は何だと思う？
・いまの君のプレーを，チームメイトはどう思うかな？

・この経験を次に活かすとしたら，どう活かす？

・もう１回やり直すとしたら，今度はどうやる？

・どうすれば，次はもっといいプレーができる？

・まわりで真似してみたい人は誰？

・まわりからどんなサポートがあればいいと思う？

・あなたの強みは何？

・自分を褒めてあげるとしたら，なんて言ってあげる？

・私（指導者）にリクエストをするとしたら何？

・まわりの人にどんなサポートをしてほしい？

7 | 部活動の形態

　この章では，部活動を効果的に運営するために，組織にどんなリーダーが必要か，役割をどう編成すると円滑な部活動運営が可能になるか，学年を超えた良好な関係を築いていくことがなぜ大切かを解説する。

7-1　リーダーの育成

リーダー育成等を通して集団づくりや自治能力を養う

　生徒たちは多くの場合，学校を卒業後，社会人としてさまざまな組織や集団に関わることとなる。そして，優秀な組織や集団には優秀なリーダーの存在がある。

　部活動は，生徒一人ひとりが組織の一員として役職や役割を担い，生徒自らが主体となり組織を運営していくことから，実社会を想定した疑似体験の場としてとても有意義と考えられる。将来，生徒が社会的に自立して生活していくには，このような機会を通して自治能力を身につける必要がある。

　では，円滑な部活運営を目指すには，どのようなリーダーの存在が必要で，どのようにそれを育成していけばよいのだろうか。

　ひと昔前までは，「皆を牽引していけるリーダー」が理想像とされてきたが，近年では，一歩下がって周囲のメンバーを気づかえる，責任力のある「サポート的リーダーシップ」が理想のリーダー像と言われている。全体を俯瞰して見ながら，チーム全体の潤滑油のような存在になれるかどうかという資質が，近年では重要視されている。

　とはいえ，はじめからリーダーの役割を果たせる生徒はごく少数であ

り，素晴らしいリーダーへと導くのは指導者の役目である。導くとは，生徒自身が自ら気づきを得るように，リーダー的資質能力に触れる機会をつくり，与えることである。

　資質のある生徒は，より主体的に行動し，部活の中心となっていく。反対に，資質に気づけない生徒には，部長やキャプテンといったリーダーの立場にならなくても，部内の特定役割のリーダーや，同じ学年をまとめるリーダー，小さいグループのリーダーとなる機会を与え，人をまとめる経験を重ねさせることにより，リーダーシップへの自覚を育てる必要がある。

　このような形でメンバーシップの発揮に専念させることも大切である。その経験によって，リーダーの資質へと可能性を広げることができ，部活動が多角的に生徒の資質を育成するための意義ある活動の場になる。

　このように，リーダーの資質を育成する場として，部活動の教育効果は大いに期待できる。

　リーダーの心得として，以下の点を参考に指導に当たってほしい。

（1）リーダーの行動

①部の目標を全体の共通認識にし，情報交換をしやすい環境をつくる。

②やるべきことを率先して実行し，模範を示す。

③部員の個性を見極め，能力を発揮できる場を設定する。

④チームの力が最大限発揮できるよう，客観的に状況を把握する。

（2）リーダーに求められる力

①観察力：部員の行動を観察し，長所・短所を把握する。

②思考力：感情的な空気に流されることなく，理性的に判断する。

③継続力：長期的な目標を見失わずに，計画を着実に最後まで実行する。

④育成力：必要な情報と方向性を示しつつ，成長の過程に寄り添い，導く。

キャプテンの生徒への配慮

　生徒の中からキャプテン（リーダー）を選出することは，部活運営に必須である。指導者が不在の際など，生徒自ら運営をおこなうときに指揮をとるポジションがキャプテンである。

　キャプテンはその立場上，他の生徒から見られているというプレッシャーから，肉体的にはもちろん精神的にも負担がかかる。そのため指導者は，部活運営のためのコミュニケーションはもちろんのこと，キャプテンの心身の状態について，精神的負担がかかっていないか等，常に配慮しなくてはならない。

「立場が人を変える」という言葉もあるが，その通りになる生徒もいれば，そうならない生徒もいるので，素質や能力の有無に関してはしっかりと見極める必要がある。生徒の思いや精神的負担を考えず，責任を押しつけたり，プレッシャーをかけすぎたりすることにもなりかねないため，丁寧な配慮が必要である。

7-2　部内の役割分担

部内の役割分担を決める

　部活動を運営していくためには，さまざまな役割を決める必要があり，部の本来の目的にあたる活動よりも負担が大きくなることも往々にしてある。練習の準備や練習時の時間管理，道具の管理など，自分たちの部にはどんな仕事があるのか，誰が何を担当するのかなどを，生徒が自ら考え設定することで，主体的に自立してそれらに取り組むことができる。

　指導者は生徒の主体性に合わせて，適切なサポートをすることが必要である。先輩と後輩を組ませることや，上級生だけに重要な役割が偏らないようにすることなど，先輩・後輩の関係づくりができるよう適切に配慮してまとめることも大切である。

　一般的な部内の役割分担には，図表7-1のようなものが挙げられる。

図表 7-1　部内の役割

1	リーダー	主将・キャプテンなどとも呼ばれる，部の中心的存在でありまとめ役。顧問の教員や外部指導員・コーチと部員との橋渡しもおこなう。
2	副リーダー	副将・副キャプテンとも呼ぶ。リーダーを支え，部員とリーダーの橋渡し役でもある。リーダーがいないときには自らがリーダーとなり部をまとめることもある。
3	庶務	主に事務全般をおこなう。
4	会計	部費の管理や生徒会の予算請求をおこなう。
5	企画	練習のスケジュールを考えたり，試合日程を把握したり，練習試合を組んだりする。地域との交流を図るための体験会なども企画する。
6	備品管理	部の備品を管理し，消耗品などの補充もおこなう。
7	記録	試合や練習で部員の記録をし，フィードバックや顧問への報告などに使用する。
8	渉外	地域住民等との交渉やお知らせをおこなう。
9	広報	部活の情報発信をおこなう。
10	写真	試合，練習，合宿などを写真に収め思い出に残す。
11	OBOG	卒業生に試合や練習，特別な会などをお知らせしたり，協力要請をしたりする。
12	合宿	合宿等が許可されている部活で，企画，予約，実施等を先頭に立っておこなう。
13	グラウンド	グラウンドやコートの整備などをする。学校内に設備がない場合にはレンタル・予約等をする。
14	マネージャー	選手や部員の全体的なサポート。庶務をマネージャー業務にする場合もあるが，全体の役割に対してのサポート要員にする。

※ 5 〜 13 までを複数人で兼務することが多い。

表のうち1〜4は必須役職と言える。5以降の役職は，競技や部員数などで必要に応じて分担し，重複して担当させてもよい。また，役職に就いた生徒と指導者との連絡体制をきちんと整備しておく必要がある。とくにリーダーとのコミュニケーションは，問題が起きた際の早期解決の大きなポイントとなる。

　リーダーや重要な役職に就いた生徒は，精神的な負担やプレッシャーを抱え込んでしまいがちになるが，それが部への大きな貢献につながっているということや，将来，社会へ出たときに役に立つこと，副リーダーをはじめ他のメンバーと協力・連携することで合理的な組織運営が可能になることなどを，丁寧に説明しておく必要がある。

　また，学校の活動方針や諸条件によって，必要な役職が異なると考えられるため，常に状況に応じて臨機応変に決定していくことが不可欠である。

　顧問や部活動指導員が，ある程度の方向性を示すことも大切だが，あくまで生徒の自主性を尊重しながら，生徒間で決定することを優先させることが望ましい。

部内の役職を決める時期

　役割を決定させる時期には2通りあると考えられる。

①年度が変わったタイミングで，既存の生徒と4月に入部した生徒を含め，5月ごろに適任者を，指導者の意見を踏まえて選定する。

　これは「新設の部活」や「体制・方向性・目標などが変わる場合」に適しており，文化部などに多く見受けられる。

②前年度内の9〜10月ごろ，上位学年が引退するタイミングで，次に上位の学年の生徒から適任者を選出する。

　これはスポーツ強豪校などに多い。個人の成績や部の方向性，目標がはっきりしているため，顧問や生徒が評価しやすく，引退していく生徒の意思が受け継がれやすく合意しやすいというメリットがある。

図表 7-2　役職決定のタイミング

4月	5月	6月	7月	8月	9月	10月	11月	12月	1月	2月	3月
年度が変わってから決める場合											
					上級生引退						
					上級生の引退後に決める場合						

7-3　学年間の交流

上級生，下級生の関係が強いストレスにつながることがある

　日本には年長者を敬う文化があるが，組織の中ではそれを煩（わずら）わしいと感じる者も少なくない。「年長者が偉い」と形式的に決めつける安易な組織は，人によっては非常にストレスとなり，決してよい組織とは言えない。部活動にも同じことが言える。

　部活動の場合，このストレスで参加頻度が減り，周囲との関係も悪くなる。もちろん競技レベルもまわりに比べると遅れていき，決められた役割や仕事もこなせなくなる。やがてそれが「行き過ぎた指導」「いじめ」などにつながり，事件に発展することが問題視されている。こうしたことから廃部に追い込まれるケースや，指導者の監督責任が問題となるケースもある。

　もっとも，常識の範囲内での上下関係は，部活動内に規律やよい緊張感をもたらし，試合などの成績に好影響を期待できる面もある。また，いずれ社会に出た際に，さまざまな年齢層から構成される職場の人間関係と適切に向き合える練習にもなりうる。

　指導者が心がけたいことは，行き過ぎた上下関係にならないよう，日頃から，OB・OGも含め，上級生と下級生の関係について，十分な配慮をした組織づくりをすることである。常にコミュニケーションを怠らず，先

輩・後輩の関係性を把握し，学年にこだわらず役職を与えたり，率直な意見交換会を定期的にもったりすることが大切である。

　問題が起きたときには速やかに聞き取りをおこなって状況の把握に努め，部のリーダー等と話し合いの場を設け，方針変更や改善策を打つなどして対処することが必要である。

　上級生と下級生の関係性については，個人の感性や価値観もあり，指導は容易ではないが，正しい規律を設けたり，偏りのない役割・仕事の割り振りをしたりすることで，下級生に過度な負担がかからないよう配慮することが望ましい。

上級生による暴力行為やいじめの防止

　過度な上下関係は，暴力行為やいじめにつながるおそれがある。上級生から下級生への理不尽な要求などは，部内でのレベル差など些細なことから起こりうるため，ある程度のコントロールが必要となる。

　「いじめ」や「からかい」のエスカレートによって，事故や自殺なども起こっていることから，とくに注意しなければならない。いじめは陰湿で，顧問や教員から見えないところで起こっている場合が多い。こういったことを防ぐには，問題が起きそうな状況にいち早く気づくこと，問題が明白になってから対処するのではなく，起こらない環境づくりを心がけることが大切である。また，生徒とのコミュニケーションをよくし，情報を入手できる環境をつくることも大切である。

　上級生だけでなく下級生にも役職を与え，上下間の交流が常におこなわれるようにし，時には両者が対等な立場で部活に参加することも必要である。

> 部活動内でのいじめの予兆
> ①遅刻，欠席，早退が急に多くなる。
> ②上級生やまわりとの会話がなくなる。

③活動中に孤立することが多くなる。

④ユニフォームや制服が汚れていたり，破れていたりする。

⑤理由のはっきりしないアザや傷跡がある。

⑥私物の紛失の訴えが頻繁にある。

⑦自尊心を傷つけるあだ名で呼ばれている。

学年を超えた人間関係で社会性を養う

　普段の学校生活では，大きな行事がない限り，学年を超えた交流は多くない。部活動は，そうした学年間交流の貴重な機会である。学年を超えた交流によって，自分たちの学年にはない考え方や行動に触れることができる。それを知ることで，将来的に必要な社会性，協調性を養う機会となりうる。

　部活動の教育的効果は広く認識されており，実際，自らを成長させる，思春期の貴重な場となっていることは間違いない。ただ，さまざまな未熟な考え方が集まることで，危険ないじめや暴力行為へと発展する可能性もあるので，教員や顧問の監視，指導は不可欠である。

　指導者が整理しておくべきポイント

①先輩・後輩の言葉づかいをどうするか

②用具の準備や片づけを誰がやるか

③活動時間外の呼び出しのルール

④部室の清掃，管理を誰がやるか

8 | 安全管理と緊急時対応

8-1 事故防止のために

　運動部活動もしくは体育授業の最中の事故に対して，日本スポーツ振興センターから死亡見舞金が給付された事例が，2015年〜19年の5年間に計77件報告されている。年平均17人が亡くなっていることになる。

　このように部活動で生徒の突然死，頭頸部（とうけいぶ）の事故，熱中症等が発生しており，とくに運動部活動は，生徒の身体的な発育・発達や，活動の必要性を考えて運営する必要がある。

　普段の生活における身体活動よりも高い負荷をかける過負荷（オーバーロード）の原理は，トレーニングをおこなう上でとても大切なことであるが，必要以上に負荷をかけてしまうと，怪我や事故の原因になりかねない。怪我や事故を未然に防止し，安全な部活動運営を実現するために，できるだけ最新の情報で指導をしていく努力が必要である。

　また，生徒自身が保健体育等の授業で習得した体調管理・安全管理の内容を活用し，積極的に自分や仲間の安全を確保する意識を育む必要がある。

各生徒の日々の体調等を確認する

　生徒の日々の体調等を確認することが，事故の防止につながる。生徒の主観的な判断ではなく，客観的な異変（体温や外見上の異常など）を指導者が把握することが大切である。いくら生徒自身に活動したい気持ちがあっても，体調不良のまま活動してしまうと，さらなる悪化や大きな事故につ

ながる可能性もある。生徒の自己申告に基づいて対応するだけでなく，指導者の側から声かけをしたり，体調管理の記録を義務付けたりするなど，能動的な対策を取ることは，事故予防に大きな効果を発揮する。

　近年では，夏場の異常気象による 30 度以上の真夏日や 35 度以上の猛暑日が多く記録されており，特に熱中症については，日常的に十分な配慮が必要である。

　学校では毎年健康診断をおこない，その結果は担任もしくは養護教諭が把握している。指導上，気になる点は，確認・相談することが望ましい。

第 2 次性徴を迎える中学生のトレーニング

　多くの生徒は，中学生の段階が第 2 次性徴を迎える時期になる。つまり，この時期から，筋力トレーニングの効果に影響を及ぼす内分泌系器官の発育が活発になるので，スポーツに必要な骨格や筋肉の形成に適した時期と言える。

　しかしながら，この時期に過度な負荷の筋力トレーニングをおこなうと，骨の成長に悪影響がおよぶ危険性が高い。したがって筋力トレーニングについては，成長段階に応じて実施するよう配慮が必要である。

施設，設備，用具等の点検

　外部の要因が大きな事故につながることも考えられる。施設，設備，用具等の破損や変形により，怪我や事故が起こるおそれがある。施設や設備，用具の使用前に，毎回，十分に点検をおこなうことが，事故防止につながる。

　はじめて使用する施設や設備，用具だけでなく，日頃から慣れ親しんでいる施設や設備，用具を使用するときにも，かならず点検作業をおこなうことが，怪我や事故を防ぐためには大切なことである。

　また，大きな地震や悪天候の直後は，施設，設備の不具合が生じやすく，不慮の事故につながる場合がある。とくに，強風を受けての野球の

バックネットやサッカーゴールの転倒・倒壊は多く報告されているので，十分な注意が必要である。

安全確保の意識付け

　競技やトレーニングの実施前に，生徒自身に周囲への配慮を呼びかけ，常に意識付けをおこなう必要がある。とくに用具を使っての活動や，死角からの危険性が高い状況などでは，全体への周知をおこなってから競技やトレーニングを実施する。

　また，グラウンドや体育館などの活動場所を複数の部活動で共用する場合には，用具などの飛来によって大きな事故が起こるケースも多い。周囲の状況についても生徒任せにせず，指導者自身の目で確実に確認し，安全管理を徹底しておこなうことが必要である。

事故の例

・サッカーや野球の飛球が当たる。

・テニスやバドミントン，野球などで，素振りの際に用具が当たる。

・陸上の投てき競技の用具が当たる。

・グラウンドで高速で走っている生徒どうしがぶつかる。

実際の事例

・高1男子　熱中症

　部活動顧問指導の下，ウォーミングアップ・基礎練習後，ランニング（約9.5km，40分から60分コース）をおこなった。学校まで残り200mの付近で意識を失い倒れた。10時30分頃の気温27.5度，湿度45%であった。事故直後，近所の方が，介抱・救急車を要請，病院に搬送された。高度医療の必要性などもあり転院し，治療を続けたが，数カ月後に死亡した。

・中１男子　大血管系突然死

　ソフトテニス部の活動中，校内をランニング中の部員がトイレに入った際，トイレ（個室）からゴホンと咳き込む音がしたことから，本生徒がランニング中にトイレに入ったのだろうと判断した。体調不良を心配してランニングの周回ごとに声をかけたが，応答がなく，トイレ（個室）には内から鍵がかけられていた。不審に思い下からのぞくと，倒れ込んでいるような感じだったので，急きょ職員に連絡した。職員が駆けつけ，保健室に搬送，応急処置をおこなうとともに救急車を要請，病院で救命活動が続けられたが，同日死亡した。

・中１男子　電撃死

　他高校のグラウンドで野球の練習試合をおこなっていた。守備についていたところ突然の落雷に遭い負傷した。（事故発生時，雲は出ていたものの晴れており，雷鳴等落雷の兆候は全くなかった。）高校に隣接する消防署員の救命処置を受け，救急車で病院に搬送・入院加療をおこなったが，意識は戻らず数カ月後に死亡した。

・高１男子　中枢神経系突然死

　陸上部部活動中，タイヤにひもを付けたものを腰で引く筋力トレーニングをおこなった後，体調不良を訴え木陰で水分をとりながら休んでいたが，意識消失したため救急車にて救急搬送した。病院で治療をおこなったが，数日後に死亡した。

・高２女子　心臓系突然死

　野球部マネージャーだった本生徒は，学校から 3.5km 離れた球場での練習を終え，監督の指示で学校までの帰路をランニングで帰ってきた。学校にたどり着いたとき，玄関近くの自転車小屋の前で倒れた。救急要請から５分後に救急隊が到着，病院に向かった。車内では何度か除細動器や薬剤投与され，そのまま入院した。しかし一度も意識が戻らず数週

間後に死亡した。

（日本スポーツ振興センター「学校管理下の災害」（平成 30 年度版）より）

図表 8-1　事故防止のマネジメント（PDCA サイクル）具体例

＜事故防止のマネジメント（PDCAサイクル）具体例

PLAN【計画】　事故防止対策の策定

■事故防止の優先順位を考慮する。（大きな事故の防止対策は最優先）
■全職員が理解し、組織的に対応する対策を立てる。
■法的規制等を遵守する。
（法的規制、ルールを遵守せず、事故になれば過失となる）
■事故が起きても最低限の安全が保障される仕組みをつくる。
（２重の安全対策・日頃の基礎練習・トレーニング）
■事故が起きても最低限の被害にとどめる緊急対応の仕組みをつくる。
（緊急時対応マニュアルの徹底方法等）

DO【実行】　事故防止対策の実行

1　生徒への安全指導

（1）生徒が安全に活動できる知識と技能を身に付けさせる。
■生徒が守るべき事項を明確に指導する。
（事故防止策は抽象的な概念・理念ではなく、生徒が守るべき事項＜施設面や技術面＞を明確にする）
■事故防止対策の根拠を明確にする。
■なぜその防止策を実行するのかという根拠を明確にする
（法的規制、ルールを遵守せず、事故になれば過失となる）
■基礎練習の反復、基礎トレーニングは必ず実施する。

（2）生徒に危険を回避させる力を身に付けさせる。
■危険を察知したら、仲間同士で協力して回避する力を身に付けさせる。
（練習前点検、危険な状況での声かけ等）

2　指導者の安全配慮等
■生徒が気付かない危険を予見し、回避させる。または、危険な状況があれば、直ちに回避させる。
■事故防止の注意事項を理解し、危険を予見する。

CHECK【評価】　事故防止対策の評価・検証

■事故防止策を再評価する。（事故防止策が有効であるかを評価・検証する）
●報告・連絡・相談体制の確認
■生徒の安全技能の評価をする。
■事故発生後の事故原因（要因）の分析と安全対策の見直しの仕組みをつくる。

ACTION【改善】　指導者の事故防止の意識の持続・改善、事故防止対策の改善

■職員研修（OJT、ケーススタディ等）、研修回答によるスキルアップを図る。

（出典）大分県教育庁体育保健課　「運動部活動の手引き」2010 年より

図表8-1は，事故防止のためのPDCAサイクルをまとめたものである。このようなサイクルが効果的に機能するためには，日頃の意識と，事故発生後の振り返りが不可欠である。とくに原因追及は，ややもすると「人」に責任を求めてしまうことがあるが，「仕組み」にこそ何らかの落とし穴が潜んでいる可能性を見落としてはならない。

8-2　緊急時の体制と対応

　部活動中に事故が起きた場合には，その活動に対する管理責任が問われるので，図表8-2にある基本的な法的責任については認識しておく必要がある。たとえば安全配慮義務には，指導監督，安全保護，危険予見，危険回避の4つの義務がある。これらの義務を怠った場合には，法的な責任を負うことになる。

　保護者と学校設置者は在学契約関係にある。学校設置者は，教育活動に伴って発生する義務を果たすために，日常的に指導体制などを見直しながら指導に当たる必要がある。

日誌等により活動内容を把握する

　生徒が日誌を日々記入し，その内容を指導者が把握することで，生徒の体調や怪我の状況なども把握でき，それをもとに活動内容を調整することができる。また，体調不良や怪我が増えた際には，おこなってきた活動の検証材料になり，安全な部活指導への情報を蓄積することができる。

緊急時のためにあらかじめ把握しておくべき情報
①生年月日　②持病（てんかんなど）・常用薬　③アレルギーの有無
④かかりつけ病院　⑤保護者の緊急連絡先

図表 8-2　教育活動の法的責任とそれに伴って発生する義務

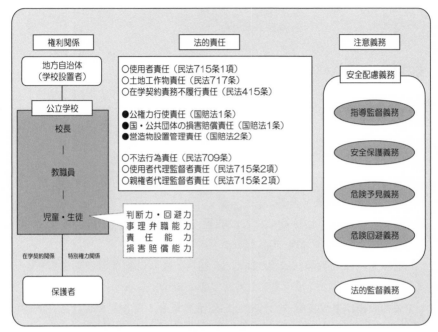

（出典）東京都教育委員会　『部活動顧問ハンドブック』2007 年より

医療関係者への連絡体制の整備

　緊急時に備えて，病院等への連絡体制をあらかじめ整備する必要がある。初期対応の誤りによって，生命の危険性が起きてしまう可能性もあるので，指導者だけでなく生徒も，緊急時に連絡する先を理解しておく。

　さらに，日頃より学校周辺の医療機関の所在と道路状況などを把握しておくと，救急車や関係車両の走行の無駄を省くことができる。顧問や部活動指導員が運転する自家用車等での搬送は原則として避け，やむをえない場合は，かならず管理職と相談の上判断すること。

　合宿のような宿泊を伴う練習を実施する場合，かならず現地の救急医療機関または総合病院の所在を事前に把握しておく必要がある。加えて，生

徒の健康状態を把握しておくこと。生徒に健康保険証もしくはそのコピーを持参させるケースもあるが，事前に保護者と相談の上対応することは，トラブル回避のためにも重要である。

校内の緊急連絡網の整備

事故，災害や感染症の流行などに備えて，校内の緊急連絡網を整備しておく必要がある。その際は，不在や連絡がつかない場合の対応もあらかじめ決めておく必要がある。

事故の発生時の対応

（1）傷病者の発見と通報

①発見者は，直ちに付近にいる教職員（または児童生徒）に通報するとともに，必要に応じて適切な応急手当をおこなう。

②通報を受けた教職員（または児童生徒）は直ちに管理職，学級担任および養護教諭に通報するとともに，事故現場に急行する。

③養護教諭は事故現場に急行し，応急手当をおこなうとともに，医療機関への搬送や救急車の要請等について速やかに判断する。

（2）救急車の要請および医療機関との連携

①救急車が必要な場合は，定められた連絡体制により速やかに要請する。

②必要に応じて学校医や医療機関に連絡し，指示を仰ぐ。

（3）保護者への連絡

①あらかじめ明確にしてある連絡体制（管理職または学級担任等）により，迅速かつ確実に保護者へ連絡する。

②無用な不安を与えないように配慮する。

③搬送先の決定については，保護者に相談することが望ましい。

図表 8-3　事故発生時の応急手当

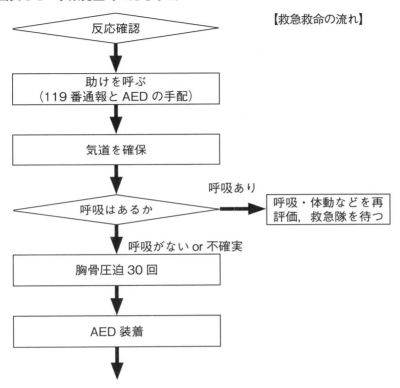

【救急救命の流れ】

　心停止の際に使う AED の操作は，基本的に音声ガイダンスに沿っておこなえば間違いはないので，落ち着いて対応すること。
① AED が到着したら，直ちに電源を入れる。
②パットに描かれている絵の位置に装着する。
③ AED が心電図の解析をおこなうので，その指示に従い電気ショックを実行する。
④胸骨圧迫を再開する。（③と④を救急隊が到着するまでくりかえす）

応急処置の把握

　指導者は，生徒の急な怪我や体調不良などが起きた場合，適切な対応ができるよう，応急処置の知識を身に付けておく必要がある。初期での適切な対応により，怪我や症状などの重篤化を防ぐことができる。反対に，初期の対応が遅かったり，間違っていたりすると，より悪化し，取り返しがつかない状況になる危険性もある。

　また，嘔吐物や出血があった場合は，安易に処理せず，養護教諭の指示に従うこと。

　以下のいずれの例も，発症時，事故発生時の指導者の判断がきわめて重要である。

①熱中症

　熱中症にはめまい，立ちくらみ，気分の悪さなどを含めてさまざまな症状がある。これらを未然に防ぐためには，本人の体調管理だけではなく，指導者が部活動の環境を把握することも不可欠である。図表8-4を参考にしてほしい。

②アナフィラキシーショック

　アナフィラキシーには，特定の食べ物を食べた後の運動や物理的な刺激などによって起こる場合もあることが知られている。じんましんなどの皮膚症状，腹痛や嘔吐などの消化器症状，喘鳴（ぜいぜいとした音），呼吸困難などの呼吸器症状が，複数同時に，かつ急激に出現した状態で，血圧が低下して意識の低下や脱力を来すような場合をとくにアナフィラキシーショックと呼ぶ。直ちに対応しないと，生命にかかわる重篤な症状におちいる危険性が高い。

　具体的な処置としては，意識障害などがみられる重症の場合には，まず適切な場所に，足を頭より高く上げた体位で寝かせ，嘔吐に備えて顔を横向きにする。そして，意識状態や呼吸，心拍の状態，皮膚色の状態を確認

図表 8-4　熱中症予防の指針

WBGT ℃	湿球温 ℃	乾球温 ℃		
31	27	35	**運動は原則中止**	WBGT31℃以上では、皮膚温より気温のほうが高くなり、体から熱を逃すことができない。特別の場合以外は運動は中止する。
↕	↕	↕	**厳重警戒**（激しい運動は中止）	WBGT28℃以上では、熱中症の危険が高いので、激しい運動や持久走など体温が上昇しやすい運動は避ける。運動する場合には、積極的に休息をとり水分補給を行う。体力の低いもの、暑さになれていないものは運動中止。
28	24	31		
↕	↕	↕	**警　戒**（積極的に休息）	WBGT25℃以上では、熱中症の危険が増すので、積極的に休息をとり水分を補給する。激しい運動では、30分おきくらいに休息をとる。
25	21	28		
↕	↕	↕	**注　意**（積極的に水分補給）	WBGT21℃以上では、熱中症による死亡事故が発生する可能性がある。熱中症の兆候に注意するとともに、運動の合間に積極的に水を飲むようにする。
21	18	24		
↕	↕	↕	**ほぼ安全**（適宜水分補給）	WBGT21℃以下では、通常は熱中症の危険は小さいが、適宜水分の補給は必要である。市民マラソンなどではこの条件でも熱中症が発生するので注意。

WBGT（湿球黒球温度）
屋外：WBGT＝0.7×湿球温度＋0.2×黒球温度＋0.1×乾球温度
屋内：WBGT＝0.7×湿球温度＋0.3×黒球温度
●環境条件の評価はWBGTが望ましい。
●湿球温度は気温が高いと過小評価される場合もあり、湿球温度を用いる場合には乾球温度も参考にする。
●乾球温度を用いる場合には、湿度に注意。湿度が高ければ、1ランクきびしい環境条件の注意が必要。

しながら，必要に応じて一次救命措置をおこない，医療機関への搬送を急ぐ。アドレナリン自己注射薬であるエピペン®（商品名）を携行している場合には，できるだけ早期に注射することが効果的である。

③頭頚部外傷による脳震盪

　頭部や頚部，また顔面に強い衝撃が加わった際には，脳震盪や脳損傷，また頚部への損傷等，深刻な事態を想定して適切な対応をとる必要があ

る。安静にし，すぐに専門医の受診を促すことはもちろんだが，たとえ本人が大丈夫と言っても，練習に復帰させないこと。十分に回復しないうちにふたたび頭部に衝撃（セカンド・インパクト）が加わると，重篤な症状に至る危険性が高く，時として命を落とすこともある。

学校における事故の救済措置

①日本スポーツ振興センターの手続きの確認

　日本スポーツ振興センターの災害共済給付制度は，生徒が学校の管理下で怪我などをしたときに，保護者に対して給付金（災害共済給付）を支払う制度である。入学時に加入同意書を提出し，毎年度更新手続きをおこなう。

　ただし，学校の管理下以外で，部活顧問・部活動指導員の管理下にない活動には適用されない。

　学校の管理下とは，

　・授業中

　・学校の教育計画に基づく課外指導中

　・休憩時間中および学校の定めた特定時間中

　・通常の経路および方法による通学中

などである。

　初診から治癒までの医療費総額（医療保険でいう10割分）が，ある一定金額を超えた場合，給付の対象となる。

②部活指導者の災害補償と指導責任

　指導者自身が，生徒を指導しているときなどに怪我をした場合は，労働者災害補償保険法が適用される。

　部活指導中に発生した事故により生徒が死傷した場合には，被害者または保護者から指導者に対して，生じた損害の賠償を求められる場合がある。民法または国家賠償法の規定に基づきおこなわれるが，教職員に故意

図表 8-5　頭頚部外傷への対応

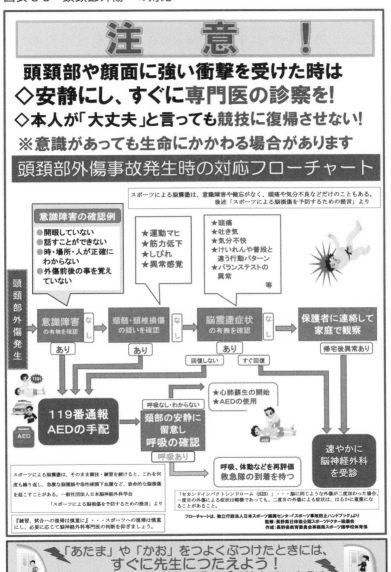

（出典）長野県教育委員会

もしくは過失があり，または学校施設の設置管理に瑕疵があり，それによって学校事故が生じた場合のみ，損害が請求できる。部活動指導員は公務員であるため，指導中に故意または過失により生徒に怪我をさせた場合なども，国家賠償法が適用される。

　国家賠償法や日本スポーツ振興センターの災害共済給付制度が適用されるためには，いずれも学校の管理下という要件を満たす必要がある。したがって，総合型地域スポーツクラブ，民間クラブやスポーツ少年団での指導が学校の管理下の活動にあたるものかどうかについては，教育委員会および管理職に事前に確認をする必要がある。

9 | 学校内における組織運営

9-1 部活動の効果を高めるために

参加のあり方を工夫する

　部活動の運営では，学校の特色，方針などに合わせて，さまざまな運営形態がとられている。生徒の希望や参加状況を考えながら，運営形態を必要に応じて見直すことは重要である。

　生徒が部活動に参加するあり方として，従来の方式では柔軟性に乏しいという指摘がある。たとえば，ひとつの部活動に入部すると，他の部活動に参加できない（しにくい）という現状がある。このことは，①部活動への参加率の低下，②活動の閉塞性，③競技力向上への妨げ，につながっている。

①部活動への参加率の低下

　一度入部したら容易に退部できないと考えると，生徒は入部に対して消極的にならざるをえない。入部した後に，自分に合っていないと思ったとしても，あるいは深刻な人間関係に悩むことになったとしても，我慢して活動を続けなくてはならないと想定してしまうからである。もし，複数の部活動に並行して参加できるならば，各生徒の要望や個性に合った部活動を体験しやすくなり，より多くの生徒が気軽に参加を考えられるはずである。

　もちろん，自主的・自発的参加が原則の部活動について参加の強制はできないが，生徒の興味関心に沿った部活動に自由に参加できるような改善が，部活動への参加率を高め，各学校の教育効果を押し上げると言える。

②活動の閉塞性

　部活動にはさまざまな問題が常に内在している。人間関係はもちろん，練習方法について，大会成績に対しての意識の差などである。生徒も指導者も，複数の部活動に触れる機会を得ることで，多様な価値観や発想に触れ，問題解決の糸口を見出すことができる。

③競技力向上への妨げ

　海外の一流スポーツ選手に多く見られるのは，複数の競技経験を経て競技力を上げ，高い成績を上げるパターンである。たとえばテニスの選手で，小学生のときにはサッカー，野球，テニスの３つのクラブに加入していたというケースもある。また最近では，夏季と冬季で種目を分けて練習するスポーツ選手も増えている。

　このような点から考えると，学校の部活動の運営形態を柔軟に見直すことにより，複数部への参加や複数校による合同部活動などを可能にすることが有効であると考えられる。それによって部活動がいっそう教育的な効果を上げ，生徒の学校生活を有意義にする活動になる。

さまざまな生徒がいる

　学校内で部活動をより効果的に実施するためには，さまざまな生徒がさまざまな目的で部活動に参加していることを認識すべきである。指導者の単一的な価値観の押し付けは，短期的には効果があることもあるが，多くの場合は，たったひとつの考えについていけないたくさんの生徒を生むことになる。たとえ試合等で成果を上げたとしても，多くの犠牲があることを認識する必要がある。問題は，指導者がそのことに気がつかず，自身の目標達成のために指示を押し付けてしまうことである。忘れてはならないのは，部活動はさまざまな生徒を教育する，学校教育の一環であるということである。

　生徒の個性と可能性を伸ばすために，指導者はさまざまな生徒に合った内容や目的を想定し，興味を最大限に引き出すことが重要である。簡単で

はないが，ここが指導者の手腕を発揮すべきところである。安易に自分だけの価値観に固執せず，研修等を重ね，最新の指導法について研鑽を積むことが望まれる。

　なかには「健康のため」「友達が欲しいから」という部員もいる。入部動機のそれぞれ異なる生徒にどのように指導し，どのように組織をまとめていけばいいのかが重要な課題となる。

　また，生徒の家庭環境もさまざまであることを忘れてはならない。どんな家庭環境の生徒でも部活動が楽しめるような配慮は，常に必要である。

　大きく分けて，以下のような生徒がいる。

①より高い水準の技能や記録に挑むことを重視する生徒

②自分なりのペースで楽しみたい生徒

③ひとつの種目より，さまざまな種目に挑戦したい生徒

　図表9-1のようなさまざまな目的，理由をもって入部している実態を認識すべきである。

図表9-1　入部の理由

(問)あなたの部活動に所属している最大の目的は，どれに当てはまりますか。(%)

	中学校		高等学校	
	公立 n26,649	私立 n2,016	公立 n16,998	公立 n4,902
1. 大会・コンクール等で良い成績を収める	30.6	25.5	31.3	39.8
2. チームワーク・協調性・共感を味わう	18.7	14.3	20.3	17.4
3. 体力・技術を向上させる	26.1	28.6	23.3	19.8
4. 友達と楽しく活動する	10.0	16.7	12.0	9.4
5. 部活動以外に取り組めるものがない	0.6	0.6	0.7	0.6
6. 学校以外に活動場所・施設がない	0.1	0.4	0.1	0.2
7. その他の目的	4.5	4.5	4.3	5.1
8. 特にない	6.7	6.7	5.4	4.9

(出典) スポーツ庁「運動部活動等に関する実態調査」2017年

さまざまな実施内容や実施形態

　近年，部活動の練習時間の負担が問題視されている。「もっと練習して強くなりたい。大会でも勝ちたい」という生徒が多いのに，なぜ活動時間等の規制をするのだろうか。それは，指導者の熱意により過熱した部活動が，生徒のためにならない危険性があるためである。

　とくに運動部は，練習時間が長ければ長いほど，怪我やスポーツ障害になる確率が高くなる。週16時間以上の場合，もしくは週の練習時間が「年齢×1時間」より長い場合，怪我等の発生率が高いとの研究が複数ある。

　そこで，以下のようなさまざまな実施形態をとることで，単に長時間練習をするための拘束といった形態の部活動を改善できる。

①シーズン制による実施
②複数校による合同実施
③総合型地域スポーツクラブとの連携
④地域スポーツ指導者や施設の活用
⑤宿泊型の練習

宿泊型の練習での注意事項

①期日等は学校の年間行事等を踏まえた上で設定すること。また，事前に練習内容や活動時間等を計画し，過重な内容は避けること。

②健康管理（休養時間の確保）や食中毒防止に配慮するとともに，緊急事態に備え，学校，保護者，救急病院等への連絡手順・方法を確認すること。

③校長に許可を得た上で，校外行事届けを教育委員会に提出すること。また，帰校時には，校長等に報告をすること。

④引率はかならず顧問の教員または部活動指導員がおこなうこと。その際，参加人数によっては複数の引率を要する。また，女子の宿泊引率は別途，服務規程を確認すること。

---

⑤いかなる状況でも，関係者の私有車に生徒を同乗させないこと。

9-2　学校内の組織体制

　部活動は，法令上は学校の判断により実施しない場合もありうるが，実施する場合には，学校教育の一環であることから，学校の業務としておこなうこととなる。

　部活動に参加する動機はさまざまだが，多くは「強くなりたい，記録を伸ばしたい，勝負に勝ちたい，表現力を高めたい，自分の能力を高めたい，仲間と楽しくしたい」という思いをもっており，それぞれの夢や目標に向かって取り組んでいる。

　それらの努力を無駄にしないためにも，学校組織全体での指導方法や組織づくりが重要なポイントとなる。部活動の目標は，競技・技術力向上だけではない。部活動には一生懸命に取り組むのに，授業や日常生活には問題がある生徒がいる場合は，組織体制や目標設定を見直す必要がある。

部活動の設置

　部活動は，学校教育の一環でおこなうものであるが，各学校の校務分掌規程等に基づき，学校運営上必要があると認められる場合に設置されるものである。

　＊校務分掌とは，各教科指導以外に，学校の運営上必要な業務分担のこと。児童・生徒の生活・進路の指導や時間割の作成，保護者団体や同窓会など外部団体との交渉・調整などについて，それぞれを担当する分掌組織が中心となって業務をおこなう。

　新しい部活動の設置についての手続きは，生徒会担当の教員があたる。手続きは各校の方針に沿っておこなうが，学校の実態に即した組織を設け，そこでの審議の結果，活動が認められ，正式に顧問を決定する。

　生徒の自発的な意思が尊重されるが，新たな部活動の設置には慎重な場合が多く，設置のハードルは高い。

部活動顧問の決定と配置

　年度末に，次年度の校務分掌の人事と並行して，部活顧問の人事も決めていくのが通例である。最終的には校長が，各種校内委員会からの意見を参考にしながら決定する。その場合，校務全体の効率的な実施に鑑み，教職員の家庭状況，部活動指導員の配置状況，また教職員の特性や経歴等を勘案した上で決定，配置される。

　公立学校の場合は，勤務時間について法律で規定されており，時間外勤務を命じられるケースとして，校外実習，修学旅行，職員会議，災害時の業務のいわゆる「超勤4項目」が挙げられているが，その中に部活動は入っていない。勤務時間外に活動時間が及ぶことの多い部活動については，顧問の人事を他の校務分掌と同列で決定してよいかという議論もある。

超勤4項目

　教育職員については，正規の勤務時間の割振りを適正におこない，原則として時間外勤務を命じないものとすること。

　教育職員に対し時間外勤務を命ずる場合は，次に掲げる業務に従事する場合であって臨時又は緊急のやむを得ない必要があるときに限るものとすること。

イ　校外実習その他生徒の実習に関する業務

ロ　修学旅行その他学校の行事に関する業務

ハ　職員会議（設置者の定めるところにより学校に置かれるものをいう。）に関する業務

ニ　非常災害の場合，児童又は生徒の指導に関し緊急の措置を必要とする場合その他やむを得ない場合に必要な業務

（平成15年政令第484号「公立の義務教育諸学校等の教育職員を正規の勤務時間を超えて勤務させる場合等の基準を定める政令」より）

学校全体での価値観の共有

　部活動の問題については，指導者がひとりで悩んでしまうケースが少なくない。実際，校内でも顧問間の横のつながりが薄く，とくに新人の教員などは孤立してしまいがちである。

　部活動を指導する顧問と外部指導員を学校ごとに組織化し，定期的に会合をもつことは，価値観を共有する意味で非常に重要なことである。その組織を拡大して，各校が連絡会議で校内の部活関係者を集め，各種の連絡や注意喚起をすることで，組織運営を効果的におこなうことができる。情報交換の貴重な場を組織内にいかに設定するかは大きな課題と言える。

　たとえば，文部科学省の「運動部活動での指導のガイドライン」にも明記されているが，校内外に情報交換の場とともに研修会の場を設けることも，個々の指導者が広く価値観を共有し，偏った判断基準によらない指導をおこなうためには，非常に重要な手段になる。

学校内外での指導力向上のための研修，研究

○指導者は，国，地方公共団体，大学等の研究者，関係団体，医学関係者等による研修，講習や科学的な知見，研究成果等の公表の場を積極的に活用することが望まれます。

　地方公共団体，学校は，指導者のこれらの研修等への参加に際しての必要な配慮や支援が望まれます。

（「運動部活動での指導のガイドライン」文部科学省，2013（平成25）年より）

　図表9-2にも示したように，校内に「部活動推進会議」を設けるなど，横のつながりのなかで問題を解決する仕組みは有効である。体罰等の不適切な指導に至る過程に，情報共有の機会が欠けているケースが多いという実態もある。

　部活動運営の組織の核となるのが，以下の2つの会議である。

①顧問・部活動指導員会議

図表9-2　部活動運営のための組織図

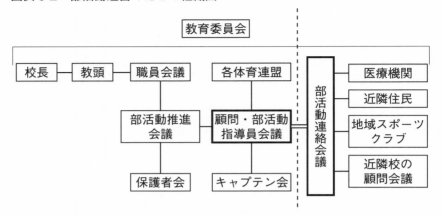

　学校組織の中に専門委員会のひとつとして設けられ，部活顧問と部活動指導員から構成される。年間を見通した練習計画や大会参加計画を作成したり，各部活動の情報交換や運営面での工夫・改善を図ったりする重要な役割を果たす。

②部活動連絡会議

　学校は地域ぐるみで生徒の健全な心身の育成を図るために「部活動連絡会議」を設け，各部活動顧問と総合型地域スポーツクラブ指導者とが連携・協力を図れるようにすることが肝要である。また，練習計画や大会参加計画などを共有することも，日々の活動の相互理解のために必要である。

専門的な知見を有する関係者の協力

　スペシャリストの専門性を有効活用することで，より効果的に組織の機能を高めることができる。

　部活動の指導は，教員の専門性に関わらず担当をすることが多いので，対応に戸惑う場面は日常的にある。その場合，保健体育科教諭，養護教諭，栄養教諭等の協力を積極的に得て，専門的な知見を参考に対応すると

図表 9-3　運動部活動指導者の実態

[高等学校]

課題	全体 n4,229	体育担当かつ 競技経験あり n879	体育担当かつ 競技経験なし n164	体育以外担当か つ競技経験あり n1,440	体育以外担当か つ競技経験なし n1,699
第1位	校務が忙しくて思うように指導できない (28.8%)	部員数が少ない (28.8%)	自分自身の専門的指導力の不足 (27.4%)	校務が忙しくて思うように指導できない (37.1%)	自分自身の専門的指導力の不足 (38.3%)
第2位	自分自身の専門的指導力の不足 (24.3%)	校務が忙しくて思うように指導できない (23.9%)	校務が忙しくて思うように指導できない (21.3%)	部員数が少ない (17.6%)	校務が忙しくて思うように指導できない (24.8%)
第3位	部員数が少ない (16.4%)	施設・設備等の不足 (21.4%)	施設・設備等の不足 (18.9%)	自分自身の専門的指導力の不足 (16.5%)	自分の研究や自由な時間の妨げになっている (10.9%)

(出典) スポーツ庁「運動部活動等に関する実態調査」2017 年

よい。

　2014 年に日本スポーツ協会が運動部活動の顧問に対しておこなった調査では，担当教科が保健体育でなく，担当の部活動の競技経験もないと回答した教員は，中学校では 45.9％，高等学校では 40.9％ となっている。さらにそのうち中学校で 39.5％，高等学校で 38.3％の教員が，自分自身の専門的指導力を課題としていると答えている。

　教科指導と違って，未経験の分野の指導をおこなわなければならない教員が多い部活動の現状では，校内の専門家の協力を得ることは絶対的に必要と言える。

保護者の理解を得る

　部活動の活動方針や練習日程は，事前に保護者会を通じて，もしくは文書で理解を得ることが必要である。事前に信頼関係を形成しておくことによって，トラブルが起きた場合に協力体制をつくりやすくなる。

　学校内において，保護者への対応の最高責任者は校長であり，次いで副

校長（教頭），主幹，主任の順になる。さまざまな保護者への対応は，初期段階の判断を間違えると思わぬ方向に問題を発展させてしまうことがある。したがって，とくに管理職への相談は小まめにおこなうよう心がけるべきである。

　相談の際は，該当のことがらの発生日時，保護者への連絡の日時，その内容等について具体的に控えておくとよい。曖昧な時系列の説明は，言った言わないの議論のもとになり，混乱のもとになる。

　また，管理職への報告とあわせて担任への報告，必要に応じて養護教諭への報告も，後の対応をスムーズにおこなうためには大切なことである。

9-3　外部指導者

外部指導者との情報共有

　外部指導者の指導を受ける機会は，部活動の時間だけである。しかし，外部指導者が，その時間に来て部活動の指導をするだけの存在にならず，学校組織の一員として生徒の教育に携わるように，組織的な取組みを考える必要がある。

　学校の教育目標および経営方針を外部指導者との共通理解にした上で，各部活動の運営・指導方針等を決定するために，顧問と外部指導者で構成した委員会や会議を設置することが効果的である。その会議では，生徒の状況などの情報交換や，事故が発生した場合の緊急時対応の確認もできる。

外部指導者に任せきりにしない

　部活動の指導方針や活動計画は，顧問が中心となって立案するとともに，外部指導者の役割を明確にしておく。その上で外部指導者と協議をおこない，指導方針や活動計画，役割分担等について共通理解を図る。

　これにより，指導者が互いの評価を適切におこない，生徒に対して積極

的に関われる体制を整えることができる。加えて，大会における外部指導者の役割・位置付けを確認しておく。

　万が一，適切な指導や活動の改善に向けて協力が得られない場合は，外部指導者の再選考も検討する。

　外部指導者のなかには指導経験の豊富な者がいるが，その場合も，とくに学校教育の目的に沿った指導をおこなわなければならないことを，校内に設置された委員会や会議で常に確認する。

9-4　学校外との協力関係

　部活動を運営するにあたっては，地方公共団体，関係団体，総合型地域スポーツクラブ，医療関係者等とも連携が必要である。

教育委員会

　仮に部活動中に何か問題が起きて，部活動指導者が保護者からクレームを受けた場合は，教育委員会の指示に基づいて対応・処理することになる。しかし学校関係者以外にとって，教育委員会という組織は，言葉の使用頻度のわりに実態が見えにくい。そこで，ここでは教育委員会制度について整理しておく。

　たとえば，何か相談ごとで自治体の教育委員会に電話をしたとしても，直接的に対応するのは教育委員ではなく，教育委員会の事務方（事務局）を担当している自治体職員である。その後，事務方の協議の上で教育委員会に報告するという流れになる。この教育委員会の事務方は，指導主事と呼ばれる元教員と行政職員からなり，学校教育課，生涯学習課などに所属している。

　教育委員会とは，学校設置者である地方公共団体（市区町村・都道府県）の長が，議会の同意を得て任命した教育委員4名（原則）と教育長1名から構成される組織である。図表9-4は，教育委員会の組織体制をあらわし

図表 9-4　教育委員会の組織のイメージ

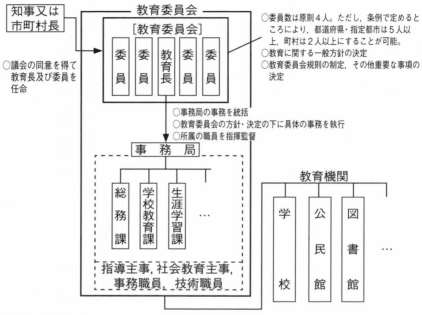

（出典）文部科学省ホームページ

たものである。

　教育委員会は，都道府県および市町村等に置かれる合議制の執行機関であり，生涯学習，教育，文化，スポーツ等の幅広い施策に関与する。ただし，教育委員会が運営に関わることができるのは公立の学校だけで，私立の学校についての直接指導の権限はもたない。

　教育委員会制度の意義と特性は次のようにまとめられる（参考：大西斎「教育委員会制度のあり方と課題についての一考察」『九州産業大学国際文化学部紀要』第55号，2013年）。

教育委員会制度の意義

①政治的中立性の確保：個人的な価値判断や，特定の党派的影響力からの中立性を確保する。

②継続性，安定性の確保：一貫性のある目的，方向性のもと，安定的にお
こなわれる教育を実現する。

③地域住民の意向の反映：専門家のみの判断ではなく，広く地域住民の意
向を取り入れる。

教育委員会制度の特性

①首長からの独立：首長への権限の集中を避け，中立性と専門性を行政運
営に担保する。

②合議制：多様な属性をもった複数の委員による合議で，民主的な意思決
定をおこなう。

③住民による意思決定（レイマンコントロール）：専門家の判断のみによら
ない，広く地域住民の意向を反映した教育行政を実現する。

体育連盟・文化連盟

　大会を主催する学生競技団体が，競技ごとに組織されている。中体連
（日本中学校体育連盟）や高体連（全国高等学校体育連盟）は，部活動に関わる
2大組織で，競技横断的な統括組織となっている。

　また，文化部については，中文連（中学校文化連盟）・高文連（高等学校文
化連盟）が，全国大会を主催している。

　各連盟への登録，大会スケジュール，指導者講習会の日程等は，部活顧
問が直接確認することになっている。文化系の部活動については，各部門
の連盟主催の大会のほうが権威のある場合がある。

　なお，上記の4団体には全国の中学校・高等学校が加盟しており，加盟
校からの加盟費を主な財源として運営されている。近年，部活動への加入
率が低下傾向にあるなか，全校生徒から一律徴収される加盟費について
は，受益者負担の観点から疑問視されている面もある。

総合型地域スポーツクラブ

　総合型地域スポーツクラブとは，1995年より文部科学省が実施してい

るスポーツ振興施策のひとつであり，行政主導とは別の，住民が中心となって企画・運営するスポーツクラブである。

　子どもから高齢者までの多世代にわたる参加者を想定し，さまざまな種目のスポーツを，質の高い指導者のもとに実施することを目指している。学校体育施設，公立スポーツセンターや民間体育施設と連携して，生涯スポーツ社会の実現を担う，地域密着型の事業と言える。

　この総合型地域スポーツクラブには，各スポーツ団体の資格を有する指導者が在籍しているので，学校との連携を図ることで，その種目の専門家の意見や経験に触れることができる。学校内の施設や設備の利用を通じて，日頃の交流を得ることもできる。臨時コーチや臨時講習などの依頼を試みてもよいだろう。

医療関係機関

　学校保健安全法第23条により，各学校には学校医を置くことが義務づけられている。学校医は非常勤なので，通常は校内にいないが，学校医に指定された医師の在籍する医療関係機関を把握し，相談や情報交換を日頃から心がける。

　事故等による緊急搬送時に受け入れが可能な近隣の医療関係機関については，養護教諭を通じて事前に調査しておくとよい。また，合宿や遠征先についても，地域の医療機関を把握しておくことは非常に重要である。

9-5　各体育連盟との関わり

中体連・高体連への加盟

　中学・高校それぞれの体育連盟は，全国中・高体育連盟の下に各都道府県別で組織化されており，連盟管轄の大会（中学校総体，高校総体［インターハイ］，それに準じた各都道府県予選大会）の出場資格は，連盟に加盟することで得られる。

連盟への加盟は，各都道府県の中・高体連のホームページから申請様式をダウンロードして，必要事項を記入し提出する。ただし競技によって申請・加盟方法が異なるため注意が必要である。中文連・高文連についても同様に，各連盟のホームページの確認が必要である。

　ここではテニスの例を取り上げる。

［東京都　高等学校テニス部の場合］

①毎年4月初旬に，顧問，部員の登録を「東京都高体連テニス専門部」に対し申請する。部活動指導員も，このときに顧問登録される。

②新入部員，中途入部の生徒は，その都度，登録申請する。

③高体連主催の大会へのエントリーは，各大会要項に従っておこなう。エントリー方法や大会案内は，ホームページ内「東京都高体連テニス専門部」で確認できる。インターネットからのエントリーの場合は，ホームページ内の申し込みフォームから，学校ごとのID，パスワードを使ってエントリーできる。

④4月に個人戦があるが，1年生は通常，入学後に1カ月程度の仮入部期間があるので，エントリーはされない。ただし，スポーツ推薦入学でテニス部入部まで決まっている場合は，顧問があらかじめ選手登録するので参加可能である。

⑤選手は大会当日に生徒証を持参し，本人確認の上でエントリーをする。生徒証を忘れた場合はエントリーを認められず負けとなる。これは以前に替え玉出場が発覚したためで，それ以後は本人確認が厳しくされるようになった。

加盟費，大会参加費

　部活動の活動費は，大きく分けると公費と私費（生徒会費，部費など）から賄われる。各体育連盟への加盟費や大会参加費もここから支出される。

　公費は，各公立学校が公的予算として各自治体から配分されるものである。公立の学校では毎年度末までに，翌年度の校内の予算配分を決めなけ

ればならない。その際，部活動ごとに，来年度必要とされる消耗品，備品，連盟加盟費，大会参加費などをまとめて請求することになる。

　私費は，各自治体から支給されるお金とは別に，学校独自の手続きで徴収するもので，PTA会費や同窓会費，生徒会費などがある。部活動に関わるお金は，一般的には生徒会費から支出され，各部活動への予算配分の決定手続きは生徒会規約に定められている。

　また，部活動ごとに任意に部費を徴収するケースもある。その運用は各部活動に任されているが，部費の管理については確実に担当者を決め，領収書，請求書等の管理，帳簿への記入，会計報告を徹底する必要がある。

　たとえば，加盟費，大会参加費を公費で賄うか私費で賄うかは，各学校の事情によって異なる。生徒の部活動への参加率や，強豪チームを有する学校の方針などによってさまざまであり，学校の教育活動全体に配慮しながら決められている。

大会スケジュール

　中・高体育連盟の大会スケジュールと申込み手続きは，各都道府県別のホームページなどに専門競技別に掲載されており，ほとんどの都道府県，競技で，都道府県大会に出場するための地区大会がおこなわれている。

（例）

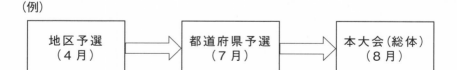

　中・高体育連盟主催の大会は，全国大会を頂点としたトーナメントの進行に沿ってスケジュールが組まれている。種目によっては，競技者の体力面に配慮した日程調整が必要な場合もあり，課題とされている。

大会への参加登録

　いわゆる大会には，公式戦と非公式戦とがあり，中学・高校の各都道府県連盟主催の大会が公式戦として位置付けられている。

　大会に参加するには申込みが必要で，各主催団体のホームページから可能である。所定の様式をダウンロードし記入後，提出することで参加登録ができる。連盟・団体の登録番号が必要になるケースが多いため，あらかじめ用意しておくとよい。

　また，最近では所定の様式を文書ファイルとしてメール送信することで申込みできるところが増えている。申込み後，顧問会議などが開催されるところも多く，そのスケジュールも確認しておく必要がある。部活動指導員は顧問に代わり顧問会議に出席できる。

　参加登録費については，先に述べたように各学校の事情に応じて公費または私費から支出されるが，公式戦以外の大会への個人参加については，原則，個人負担になる。

大会への引率

　練習試合や大会への引率にあたっては，引率責任者は，交通手段等も含め，保護者に対して事前に十分な説明をおこなうこと。顧問および部活動指導員が運転する自家用車等での移動は原則としておこなわず，公共の交通機関を使用すること。

　また，保護者が自分の子ども以外の生徒を輸送中，事故を起こした場合，運転者としての責任を負うこととなる。自分の子ども以外の輸送は原則としておこなわない旨を保護者に要請し，理解を得る必要がある。

　これまで大会や対外試合等には顧問の教員の引率義務が設けられていたが，部活動指導員制度の開始後，校長の監督のもと，顧問の教員に代わり部活動指導員の引率が可能となった。これにより，教員の負担が軽減されるだけでなく，部活動指導員の重要性が示されることとなった。

　引率中は，会場内だけでなく，会場までの行き帰りについても引率者の

指導の範囲内であることを忘れてはならない。万が一，事故が起きた場合は，遅滞なく管理職への連絡をおこなうこと。

全国大会とトーナメント方式

　全国大会の開催については，地区大会から始まる予選運営の日程の問題で，トーナメント方式を取らざるをえない現状がある。そのため，一度負ければ次の試合がなく，公式試合の成果が一度の勝敗で決まってしまうというシステムのもとおこなわれている。

　このトーナメント方式のようなノックアウトシステムは，負けられないという意識の影響で，指導者も生徒も勝利至上主義に陥りやすいという懸念もあり，教育現場には馴染まないのではないかという意見もある。

　また，全国大会の開催については，早稲田大学の中澤篤史准教授が以下のように述べている。「1948 年に文部省から出された通達『学徒の対外試合について』は，中学校運動部活動の競技大会は都道府県内に留めて，全国規模での競技大会は認めなかった。それを受けて 1955 年全国中学校体育連盟が設立された」(2019 年 9 月 29 日，教育史学会)

　つまり，戦後初期の中学校運動部活動は，国によって全国大会が規制され，その方針のもと全国中学校体育連盟が設立されたというわけである。当時から，全国大会の頂点に向かう過度な競争意識が教育にどのような影響を与えるかが不安視された向きはあったのである。

　部活動の競技大会，発表会等の参加のあり方については，関係省庁，機関団体で研究，検討がなされている。

10 保護者・地域との連携

10-1　保護者との信頼関係

　部活動は，基本的に校内での生徒との活動であるが，指導者としては保護者・地域との連携を心がけるべきである。参加している生徒が安心して活動に打ち込める環境づくりも，指導者としての大きな役割である。そのためには，日頃の保護者・地域関係者への配慮を欠かすことはできない。

　保護者との信頼関係は，部活動を円滑に運営する上での重要な基礎になる。時には熱心な保護者が，部活動の内容の詳細について学校に問い合わせることがある。保護者によっては，練習方法やレギュラーの決め方に納得がいかず，顧問や指導者を辞めさせてほしいと訴えることも，事例としてはよくあることである。このような場合に保護者に説明ができる資料を，日頃より準備しておくことが望ましい。

　保護者との信頼関係を構築する方法としては，年に何回かおこなわれる各種の保護者会に同席したり，大会等で見学に来た保護者と話をするなどが考えられる。そうすることで，いざというときに良き理解者となる保護者を増やすことも，部活動指導を円滑に進めるひとつの方法である。

　保護者に理解を得るべき事項として，以下が挙げられる。

①部活動の意義や学校としての考え，各部活動の基本方針

　学校として部活動にどのように取り組んでいるか。たとえば，大会，試合参加について，学業との両立について，部内の組織運営，安全管理についてなどの方針を，保護者に説明し，理解を得ることは重要である。入部前はもちろんであるが，入部後も，生徒を介するだけでなく，文書の配布

図表 10-1　部活動説明会への保護者の参加

（問）あなたは，お子さんが通う学校の部活動の活動方針等に関する説明会に参加しましたか。(%)

	中学校			高等学校		
	全体 n37,060	公立 n33,987	私立 n3,073	全体 n36,460	公立 n27,314	私立 n9,146
1. 参加した	54.4	55.8	39.0	25.3	23.5	30.5
2. 部活動に所属しているが，説明会は都合がつかず参加できなかった	17.2	18.0	8.1	14.7	15.7	11.4
3. 部活動に所属していないので参加していない	5.8	5.8	5.9	13.1	10.9	19.8
4. 説明会が開かれていない	17.4	15.4	39.3	38.3	40.8	30.8
5. その他	4.8	4.6	7.3	8.1	8.4	7.0
無回答・無効回答者数	0.4	0.4	0.3	0.6	0.6	0.4

（出典）スポーツ庁「運動部活動等に関する実態調査」2017 年

や説明会，さらに必要な場合は直接電話で説明するなどの機会を設けることが大切である。

②各部活動の練習計画，練習内容，活動時間，休養日

　日々の部活動のためには，家庭の協力が重要である。生徒が怪我や体調不良に陥ったとき，もっとも身近で不安な思いをしている保護者に対して，どのような計画で，どのような状況で練習をしているかといった情報共有に努めることはたいへん重要である。

　また，個々の家族の休暇の過ごし方にも配慮すべきであり，部活動の予定を強いて優先させることは慎むべきである。

③部活動中に事故が起きた場合の対応

　部活動中に事故が起きた場合に備えて，連絡体制を整備しておく必要がある。指導者が，直接保護者と連絡をとるか，学級担任に相談の上で連絡をとるかは，事故の緊急性による。また，怪我等の状態によっては，養護教諭に相談するとよい。いずれにしても，学級担任および教頭への報告は

遅滞なくおこない，その後の対応を検討する。

10-2　保護者とのトラブル

生徒への指示・説明は保護者の理解を念頭に

　生徒に対して指示や説明をする際に，つい気軽な気持ちで不適切な言葉づかいや例示をしてしまうことで，保護者の誤解を招くことがある。生徒との会話は，常に保護者と通じていると心得ておくこと。生徒とのやりとりのなかで感情的になったり，表現を誇張したりした際に，安易に発した言葉がそのまま保護者の知るところになり，大きなトラブルに発展するケースは少なくない。

　部活動は，朝早くの登校や，遠征の準備，ユニフォームの洗濯，日頃の体調管理，保護者どうしの情報交換など，保護者の協力あっての活動である。たとえ生徒との会話でも，保護者の納得を得られない指示・説明は厳に控えるべきである。間違った指示をした場合は，不用意な誤魔化しはせず，謝罪，訂正すること。

　生徒どうしのトラブルを仲裁する場合も，双方の言い分を個別に客観的に聞き，公平に対処，説論すること。必要な場合は，保護者に直接連絡を取り，説明に努めること。

　また昨今，部活動指導者の指導法や，レギュラーメンバーの選考，大会・発表会の役割分担について，保護者からクレームを受けたという報告が多く見られる。こういった，いわゆる保護者の過干渉については，日頃の活動の記録や部内のルール，指導の科学的根拠を適宜示すことができるように，日頃より資料を準備しておくべきである。

　近年では，スマートフォンなどで手軽に録音，録画ができるようになったこともあり，以前よりいっそう指導者としての発言に責任をもち，慎重を期する必要がある。生徒に対する発言は公の発言である，との自覚を常にもつことが，たいへん重要である。

管理職への相談・報告を密にする

　保護者との間に問題が生じた場合，ひとりで対応することは避け，組織的な対応をすることが重要である。その場合，まずは第一報を管理職に入れること。そしてその後も，話し合いの内容について「言った言わない」の混乱を避けるために，複数で対応すること。謝罪すべき点は謝罪した上で，相手の要望にできる限り寄り添う形の再発防止策や，問題の解決策を提案すること。

　また，日頃から部活顧問→各学級担任（各担当）→学年主任（各部代表等）→教頭→校長の報告・連絡・相談体制を整え，小さなことでも管理職に情報が入るような体制を組んでおくこと。それによって，問題に対する理解度や，判断の正確性を上げることができる。

　問題発生の初期段階でも，対応が難しいと思われる場合は，できるだけ早く教育委員会に報告・連絡・相談し，指導助言を受けること。

　保護者とのやりとりのなかで，虐待・ネグレクト等の疑いを感じた場合は，児童相談所や警察等関係機関との連携を図ることも必要である。マスコミ等の取材に対応する必要がある場合は，管理職が窓口となり，情報の取り扱いを一貫させる必要がある。

　［事例］
　部活動後，部室内で自分の子どもが他の生徒にふざけて背中を叩かれ，あざができたことに対し，保護者が来校し，学校の指導が十分でないことへの不満を訴えた。その後も，言葉によるいじめを受けていることについて，学校が生徒の変化に気付かないことや指導体制の不備を訴え，加害生徒を退学させることを保護者が求めた。

　初期対応
　保護者が来校したことから，ホームルーム担任と生徒指導部長が保護者の訴えを聞き，対応について話し合った。組織的な対応としては，保護者の訴えを踏まえ，管理職の指示を受け，生徒指導部が中心となって，

生徒への指導や対応のあり方について検討した。

その後の対応

　部室の使用ルールなどの指導体制を整えたり，加害生徒に当該生徒への接し方について指導したりした。保護者に今後の指導方針や具体的な取組み（部活動後の下校指導や部室巡回等）を説明するとともに，ホームルーム担任と教頭が家庭訪問するなどして，改善状況について定期的に伝えた。また，日常的にはスクールカウンセリングの活用も有効であった。

10-3　保護者への連絡

文書，メール，電話

　各部活動における活動方針や活動計画（年間・月間）等を明確にし，入部時や保護者会等で生徒や保護者に説明する場合は，基本的に文書を作成して配布するようにする。部内のルールや連絡網等も，事前に文書で伝えておくことで，事故が起きた際の対応がスムーズにおこなえる。

　電子メールを利用した連絡は，便利で有効ではあるが，軽率な配信はトラブルのもとになる。メールアドレスの管理がいいかげんであったり，配信の際にCC等で複数宛てに送ったりして，個人情報を漏らすケースが多く報告されている。電子メール等の送信の際には見直しを怠らないこと。SNS等を利用した連絡は，保護者間での誤解を招きやすいので，基本的には避けるべきである。

　電話連絡に関しては，緊急時の連絡先として，部員の自宅電話，さらに保護者の携帯電話の番号は知っておきたい。電話を掛ける場合も受ける場合も，深夜・早朝の時間帯は控えることが望ましい。保護者のなかには，勤務時間の認識が薄い人もおり，深夜や早朝に連絡してくることもある。緊急の連絡はやむをえないが，そうでないのに連絡してくるケースもあるので，時間帯について一線を引いておくとよい。

指導者個人の携帯電話などの連絡先を伝えることは，移動先で連絡を取り合うためなど必要な場合もあるが，あくまでも自己責任で，慎重に判断すること。

　保護者から手紙等を受け取った場合は，個人情報の管理についても配慮して対応すること。

説明のための記録

　感情がたかぶっていると，人は論理的に話すことが難しくなる。保護者との会話のなかでも，時には主張のつじつまが合わなくなり，話が混乱することがある。言った言わない，どちらの連絡が先か，誰が聞いたか等，記憶に頼った話し合いでは，事実関係が錯綜してしまうものである。

　その場合，まずは丁寧に根気よく話を聞くことに専念することが重要である。その上で，あらかじめ用意したメモで，事実関係を時系列を追って説明することが肝心である。こちらからの連絡の頻度も，説得力につながることがある。

　たとえば，電話連絡や面談では，以下のことを確実に記録し，説明のための材料として控えておく。

①日時，場所
②同席した人（電話の場合は対応した人）
③こちらが説明した内容
④保護者，生徒から聞いた内容

　生徒の記憶が曖昧なために，保護者の誤解を招くケースは少なくない。その場合，具体的なことがらを記録しておくだけで，それをもとにした話し合いで短時間に解決することも可能なので，電話連絡や面談の記録は丁寧に取っておくべきである。

10-4　さまざまな家庭環境への配慮

経済的な状況に配慮する

　部活動に伴う経済的な負担は，種目や競技によって異なるが，少なからず発生する。以下は，ある公立中学生ソフトテニス部の，3年間での支出である。これを見てわかるように，相当の負担を家庭に負わせることになる。

・部費	月 1500 円 × 29 カ月
・ユニフォーム（帽子やジャージ等を含む）	約 3 万円
・部 T（お揃いの練習用 T シャツ）	4000 円
・シューズ（卒部まで 3 足）	約 4 万円
・ラケット（卒部まで 4 本と張り替え数回）	約 5 万円
・交通費（大会によって貸し切りバスや公共交通機関などさまざま）	
	約 3 万円
・自転車用ヘルメット（自転車移動用のお揃い）	2500 円
・懇親会（数回参加）	約 1 万円
	合計　約 20 万円

（野原あき「中学校の『部活費用』は公立でも意外とかかる件」
https://manetatsu.com/2017/09/102568/　より）

　この場合は約 20 万円の支出になっているが，スポーツ飲料，栄養食品といったものまで含めると，さらに金額は膨らむ。その競技・種目の強豪校になれば，いっそうの出費が予想される。

　保護者としては，子どもに経済的な面でネガティブな感情をもってほしくないという考えがあるので，家庭の厳しい経済状況が，表面上は伝わりにくいこともある。

　念頭に置かなければならないのは，指導者の経験則や見識以上に，さまざまな経済状況の生徒がいるということ。そして，そのことで生徒の心を

傷つけることはあってはならないことである。したがって，部活動指導者としては，担任と情報交換をしながら，安易に経済的負担を増やすことのないよう，十分な配慮が必要である。

複雑な家族関係に配慮する

　生徒たちは，多くの場合，家庭内のさまざまな悩みやコンプレックスを胸にしまいながら，他の生徒と同じように学校に通っている。どの家庭も何かしらの問題は抱えていると考えるべきである。

　家族構成も，ひとり親家庭，両親のいない家庭等，さまざまである。どのような家庭状況があろうと，すべての生徒が部活動を楽しめるよう，最善の配慮をすることが大切である。

　たとえば，部員全体への話のなかでも，「親御さん」「父兄」といった呼称は避け，「保護者」と呼ぶようにする。対面での話では「お父さん」「お母さん」とは言わず「おうちの人」と言い換える等の配慮も必要である。両親の離婚後の呼び名の変更についても，本人と相談する必要がある。

　いずれにしても，心ない言葉で生徒のやる気を削ぐことのないよう，家庭状況を理解した上でサポートをすることがとくに必要である。また，個人情報の管理に特段の配慮を要するケースもあるので，SNS上での名前，住所，特定の個人を識別できる写真の公開などには注意すること。

　何かおかしな点を感じた際には，担任，養護教諭，もしくは各学校に配置されたカウンセラーに相談することが大切である。

　部活動は，各家庭の理解があってはじめて成立するものであり，それ抜きに進めるべきものではない。部員数の多い部活動では，一人ひとりの家庭環境までは目が行き届きにくいが，生徒間の情報も含めて，できる限り把握に努めること。

10-5　地域スポーツ施設の活用

校内施設では不十分な場合は地域スポーツ施設を活用する

　校内に十分な校庭や競技場が設けられない場合や，専門施設が必要な競技の場合，自治体管轄の施設や，民間の施設を借りなければならない。

①公共施設を利用する

　公共施設は比較的安価で借りることができるが，競争率も高く，簡単に借りることができない。しかし，曜日や時間帯によっては比較的空きがある。学校の部活動の一環としての定期利用は，自治体の管理者に問い合わせるとよい。

②民間施設を利用する

　民間施設は比較的利用しやすいが，利用料が高く，部活での利用を断られる場合もある。しかし，定期的な利用は施設側の収益となりうるため，年間利用などを見据えた契約で安価に借りられる施設もある。

施設への行き帰りの安全面にはとくに配慮する

　実際に校外の施設で活動をする際に，一番注意しなければならないことは，事故である。移動時の事故，校外施設での事故，他利用者とのトラブルなど，さまざまなリスクがあらゆるところに存在する。教員による送迎は禁止されており，特別な契約によるバス送迎でない限り，生徒自身で移動することになる。

　近年では高齢者の運転操作の誤りから起こる事故も多くなっており，そうした事故に巻き込まれた場合も，校外活動では管理不足と捉えられてしまうこともあるので，徹底して安全管理をしなければならない。便宜上，集団移動するケースも多いが，駅のホームや狭い歩道などではかえって危険なこともあるので，管理職，顧問の教員，当該施設，所轄の警察などとも相談の上，移動手段を考える必要がある。

　生徒自身で移動する際，万が一事故やトラブルにあった場合に，顧問の

教員や学校にすぐに連絡・報告できる方法を確立しておくことも大切である。もちろん，交通事故の場合は遅滞なく警察に連絡することを忘れてはならない。

10-6　民間指導者との交流

日本スポーツ協会登録のスポーツ指導員を活用する

　専門部活の指導に不安がある場合や，より強化をしたい場合，生徒のやる気を引き出したい，マンネリを改善したいときなどに，プロの指導者に依頼することがある。

　その際，日本スポーツ協会の「公認スポーツ指導者マッチング」を活用する方法がある。スポーツ協会で専門指導員の資格を取得した，経験のある指導者を検索・募集することができる。

　政府は働き方改革を進めているが，教員業務の多忙なときは，部活動の指導や安全管理に対する注意が散漫になりやすい。教員の負担軽減と安全管理の上でも，これらの仕組みの活用を推奨する。利用料は無料で，誰でも簡単に調べることができる。

・公認スポーツ指導者マッチング

［URL］https://my.japan-sports.or.jp/matching.html

民間スポーツ指導者との交流で最新の情報を得る

　スポーツ指導は日進月歩であり，指導方法やルールなどが日々新しくなっている。そうしたなかで，顧問の知識も最新でなければ，より安全で円滑な部活動を実現できない。

　情報を得る場としては，他校の顧問との情報交換，民間施設の指導者との交流，各競技の協会などがある。教員業務が忙しい場合，自ら情報を見つけるのは一苦労であるが，インターネットや書籍，指導方法を解説したDVD，SNSや動画サイトなどで情報収集をしたり，民間指導者から習得

すべく自らスクールやセミナーに参加することが望ましい。

10-7　近隣住民とのトラブル

部活動の「迷惑」行為を把握する

　部活動が近隣トラブルの原因となるケースは，全国的に起きている。とくに多いのが騒音トラブルである。ボールを打つ音，掛け声，楽器の音，応援など，部活動になくてはならないものばかりだが，近隣住民にとっては「迷惑」と捉えられてしまうことがある。夜間の照明にも苦情が寄せられることがある。時間帯の配慮や，体育館の窓を閉めておこなうなど，さまざまな対策があるが，なかなか解決に至らないケースが多い。

　ある高校では，消音対策を思いつくだけ取り入れたが解決できず，近隣住民との意見交換会をしたところ，ほとんどの苦情者から同意を得られ，いまでは消音対策をせずに部活動を続けられているという。大会の会場として使う場合や，いつもと違う練習をする場合などは，あらかじめ近隣に周知することで，むしろ応援してもらえる関係にまでなったという。お互いの歩み寄りにより，双方の意見を交換するところから，近隣の同意が得られることもある（参考：「学校の音　対話で解決を　長野・松本深志高で生徒と住民」『毎日新聞』2017年7月31日）。

友好的に改善の意思を伝える

　NIMBY（ニンビー）とは英語の Not in My Back Yard の頭文字で，「わが家の裏には遠慮したい」という意味である。ごみ処理場など，必要性はわかっているが，自分の近所には建てないでほしいという態度を意味する。その結果，地域内で押し付け合いになり，いつまでも解決しないことを NIMBY 問題と呼ぶ。

　学校も，騒音などが原因となって，NIMBY 問題が生じる可能性がある。しかし，ごみ処理場も学校も，社会に必要なものであり，双方の共感

を得ることが重要である。

　部活動で考えると，近隣への「情報の共有」「活動内容の周知」「感謝」などが必要不可欠である。感謝のあらわし方としては，地域住民や子ども向けのスポーツ教室の実施や，吹奏楽の演奏会への招待などが挙げられる。完全な解決は不可能かもしれないが，こうした施策を用いて，少しでも理解を得られるよう行動することが大切である。地域住民との交流は，生徒自身の経験としても有意義なものとなる。

11 | 外部指導者

　この章では，外部指導者は学校現場においてどのような立場なのか，何を理解しておく必要があるのか，などを解説する。

11-1　部活動指導員

　2017（平成29）年4月1日，中学校，高等学校等において，校長の監督を受け，部活動の指導や大会への引率等をおこなうことを職務とする「部活動指導員」が，「学校教育法施行規則」の改正により新たに制定された。スポーツ庁からの通知では，部活動指導員の職務が以下のように記されている。

（1）部活動指導員は，学校の教育計画に基づき，生徒の自主的，自発的な参加により行われるスポーツ，文化，科学等に関する教育活動である部活動において，校長の監督を受け，技術的な指導に従事すること。

（2）部活動指導員の職務は，部活動に係る以下のものが考えられること。
　・実技指導
　・安全・障害予防に関する知識・技能の指導
　・用具・施設の点検・管理
　・学校外での活動（大会・練習試合等）の引率
　・部活動の管理運営（会計管理等）

・保護者等への連絡

・年間・月間指導計画の作成

・生徒指導に係る対応

・事故が発生した場合の現場対応

（「学校教育法施行規則の一部を改正する省令の施行について（通知）」
2017（平成 29）年 3 月 14 日，スポーツ庁より）

　部活動の指導にあたる部活動指導者には，顧問の教員と外部指導者がいる。顧問の教員のなかには，直接指導にはあたらず，部活動指導員の担当の教員として連絡調整にあたる教員もいる。

　一方，外部指導者は，部活動における専門的指導を補助する，教員以外の指導者であり，当該部活動関係者の校長への推薦で採用されるケースが多い。

　そのうち外部指導員は，学校設置者の承認を受けていない，地域の有償・無償のボランティアである。それに対して部活動指導員は，学校設置者の承認を受けた，地方公務員法第 3 条第 3 項に基づく非常勤職員であり，外部指導員の職務に加え，校長の命により，大会等への引率や，教員がいない状態での指導ができる。

図表 11-1　部活動の指導者

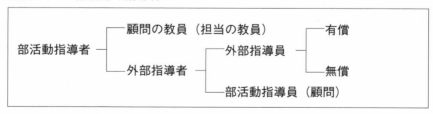

　部活動指導員，担当教員が共に顧問である場合と，部活動指導員のみが顧問である場合があり，生徒との関係は図表 11-2 のようになる。

図表 11-2　部活動指導員と顧問教員との関係

１）部活動指導員，担当の教員が共に顧問の場合

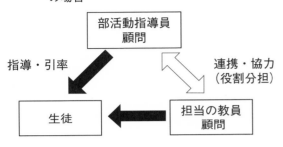

２）部活動指導員のみが顧問の場合

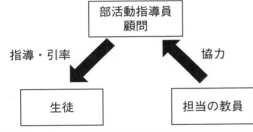

（参考：スポーツ庁資料「部活動指導員の制度化について」資料１－７）

図表 11-3　部活動指導員採用までの流れ

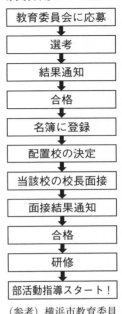

（参考）横浜市教育委員会ホームページ

11-2　部活動指導員の選考

部活動指導員の採用の流れ

　部活動指導員の採用は，①一般公募で採用するパターン，②学校設置者が，日本スポーツ協会の公認スポーツ指導者マッチングサイトや，民間スポーツ指導者の派遣会社を活用して採用するパターン，③当該校の部活動関係者による推薦から採用するパターンがある。

　図表 11-3 は，①と②の採用パターンのフローチャートである。③の採用パターンは，当該校の面接から始まり，合格通知の前に，学校設置者の

承認を得る手続きがある。その後，「合格」,「研修」という流れになる。

選考の留意点

　学校長が部活動指導員として適格と認める者については，次の①から⑤までが目安とされている。

部活動指導員の目安

　①教員としての部活動指導の経験がある者

　②中学校，高等学校等での外部指導員経験がある者

　③大学，スポーツクラブ等での外部指導員経験がある者

　④教員免許状を有する教員志望者

　⑤上記①から④までのいずれかと同等の経験等を有すると校長が認
　　める者

（「平成30年　東京都立学校部活動指導員設置要綱」より）

　さらに，部活動指導員の重要な条件として，定められた職務を理解し，その職務を遂行する熱意があり，担当する競技や部門等の専門性を有する者であることが挙げられる。

　なお，部活動指導員の任用・配置に当たっては，学校教育について理解し適切な指導をおこなうために，以下の点について任用前および任用後の定期において研修を実施することが，各自治体，学校に義務付けられている。

①部活動の位置付け，教育的意義，生徒の発達の段階に応じた科学的な指導，安全の確保や事故発生後の対応を適切におこなうこと

②生徒の人格を傷つける言動や体罰は，いかなる場合も許されないこと

③服務（校長の監督を受けることや生徒・保護者等の信頼を損ねるような行為の禁止等）に関する規定を遵守すること

図表 11-4　部活動指導員の登録申込用紙の例（神奈川県横浜市）

様式1

年　　月　　日申込

横浜市部活動指導員任用候補者名簿登録申込用紙

（宛先）横浜市教育委員会

　　　　横浜市部活動指導員任用候補者名簿への登録を希望します。

ふりがな		男　・　女
氏　　　名		
生 年 月 日	年　　　月　　　日生　（　　　歳）	
住　　　所	〒	
電 話 番 号	※昼間連絡可能な電話番号	
指 導 可 能 種 目		
希 望 勤 務 区	※複数区希望可	

年　月～　年　月	学歴　　※欄が足りない場合は最終学歴を記入

年　月～　年　月	指導する種目の競技歴　　※欄が足りない場合は最終経歴を記入

年　月～　年　月	指導する種目の指導歴　　※欄が足りない場合は最終経歴を記入

年　　　　月	資格・免許・段位 ※教員免許、日本スポーツ協会公認指導員資格を持っている場合は必ず記入 ※柔道、剣道等の武道の指導を希望する場合は段位を証明する書類のコピーを添付すること

※当申込書についての情報は部活動指導員の配置を希望する学校への紹介以外の目的には使用しません。

様式2

年　　月　　日申込

横浜市部活動指導員任用候補者名簿登録申込用紙
（教職員経験者用）

（宛先）横浜市教育委員会

　　　　横浜市部活動指導員任用候補者名簿への登録を希望します。

ふ り が な		男 ・ 女
氏　　　　名		
生 年 月 日	年　　月　　日 生 （　　歳）	
住　　　　所	〒	
電 話 番 号	※昼間連絡可能な電話番号	
指導可能種目 （複数可）		
希望勤務区 （複数可）		

年　月〜　年　月	指導する種目の経歴・指導歴　※欄が足りない場合は最終経歴を記入

年　　　　月	指導種目に関する資格・段位

※当申込書についての情報は部活動指導員の配置を希望する学校への紹介以外の目的には使用しません。

信頼関係の構築と役割分担

　部活動指導員は，各学校に配置されたら，まず担当する部活動の顧問と打ち合わせをおこない，信頼関係を構築するとともに，お互いの役割分担等について話し合う。

　各学校には年間の行事予定表があるので，それに従って部活動の練習日や大会，練習試合日程の調整がおこなわれる。部活動指導員はその予定をもとに，自身が参加できる日程を顧問もしくは担当の教員と十分に話し合い，年間，月間目標を作成していく。

　実技指導に関しては，経験豊富な顧問教員であれば，指導方針や練習内容がすでにある程度決まっており，それにならって指導をすることになる。しかし，顧問によっては担当する競技について未経験者の場合があるため，その場合は部活動指導員に，練習のメニュー作成や運営，大会の引率や采配などが一任される可能性が高い。この場合は教員，生徒，部活動指導員で，活動方針やレギュラーの決め方について十分に話し合うことが大切となる。

指導実績と資格の確認

　部活動指導員を配置する背景としては，その競技の専門的指導ができる教員がおらず，部活動指導が困難な状況にある場合や，競技力の向上を目指し，専門的指導ができる指導者を複数必要とする場合がある。

　これらに対応するために，部活動指導員には，指導実績と指導者としての資格が求められ，応募の際にはそれらの確認がある。代表的な資格には，その競技に関する指導者資格がある。たとえば，日本スポーツ協会公認スポーツ指導者や，各競技団体の協会公認指導者資格（例：都道府県テニス協会公認指導員）である。このような指導者資格は，資格維持のために更新研修があるため，指導者の質が保たれており，採用する学校の側からは信頼できる指導者と言える。

　図表11-6からもわかるように，運動部担当では，中学校で49.9％，高

図表11-6　運動部の部活動指導員の資格保有（競技種目）

（問）現在指導している運動部が行う競技種目の指導者資格の保有について，
該当する番号を全てお答えください。（％）

	中学校 運動部担当			高等学校 運動部担当		
	全体 n697	公立 n676	私立 n21	全体 n578	公立 n363	私立 n215
1. 日本体育協会公認指導員	14.6	14.8	9.5	15.7	19.6	9.3
2. 日本体育協会公認コーチ	5.5	5.3	9.5	13.3	12.4	14.9
3. 日本体育協会公認教師	0.1	0.1	0.0	0.5	0.6	0.5
4. 国内競技団体認定指導員	11.2	11.4	4.8	9.2	10.5	7.0
5. その他の資格	15.9	16.1	9.5	17.6	17.4	18.1
6. 資格は持っていない	49.9	49.9	52.4	40.1	38.8	42.3
7. 当該競技種目の資格はない	10.9	10.7	19.0	14.0	12.9	15.8
無回答・無効回答者数	3.0	3.1	0.0	2.2	1.1	4.2

（出典）スポーツ庁「運動部活動等に関する実態調査」2017年

校で40.1％の部活動指導員が，指導のための資格をもっていない。競技経験の有無によらず，指導者としてのトレーニングを受けずにスポーツあるいは文化活動を指導することが認められている状態は，望ましいものではなく，改善のための動きが始まっている。

　また，指導実績とは，指導したチームや団体，対象年齢，対象レベル（初心者〜上級），指導期間，チームとしての結果（大会での入賞）などである。これ以外にも，指導員の競技者としての実績や，生徒を指導する上で必要となる知識に関するものなど（コーチング，コミュニケーション，感情マネジメント）があれば，指導者としてなお望ましい。

図表 11-7　運動部の部活動指導員の資格保有（その他）

（問）スポーツに関するその他の指導者資格の保有について，該当する番号を
全てお答えください。（%）

	中学校 運動部担当			高等学校 運動部担当		
	全体 n697	公立 n676	私立 n21	全体 n578	公立 n363	私立 n215
1. 日本体育協会公認スポーツリーダー	6.9	7.1	0.0	4.5	4.4	4.7
2. 日本体育協会公認ジュニアスポーツ指導員	5.3	5.5	0.0	1.7	1.7	1.9
3. 日本体育協会公認スポーツプログラマー	0.6	0.6	0.0	0.2	0.3	0.0
4. 日本体育協会公認フィットネストレーナー	0.3	0.3	0.0	0.3	0.0	0.9
5. 日本体育協会公認スポーツドクター	0.6	0.6	0.0	0.2	0.3	0.0
6. 日本体育協会公認アスレティックトレーナー	0.9	0.9	0.0	1.6	0.8	2.8
7. 日本体育協会公認スポーツ栄養士	0.1	0.1	0.0	0.0	0.0	0.0
8. 日本体育協会公認スポーツデンティスト	0.0	0.0	0.0	0.2	0.0	0.5
9. 健康運動指導士	0.3	0.3	0.0	0.5	0.8	0.0
10. 健康運動実践指導者（フィットネスインストラクター）	0.9	0.7	4.8	1.2	0.6	2.3
11. その他の資格	13.8	14.1	4.8	16.8	16.5	17.2
12. 資格を持っていない	73.9	73.4	90.5	72.3	72.2	72.6
無回答・無効回答者数	3.4	3.6	0.0	4.2	4.1	4.2

（出典）スポーツ庁「運動部活動等に関する実態調査」2017 年

図表 11-8　文化部活動指導員の資格保有

（問）現在指導している文化部が行う文化芸術の指導者資格の保有について，該当する番号を 1 つお答えください。（％）

	中学校 文化部担当			高等学校 文化部担当		
	全体 n64	公立 n59	私立 n5	全体 n237	公立 n152	私立 n85
1. 文化団体が認定する資格を持っている	26.6	27.1	20.0	46.0	51.3	36.5
2. 資格を持っていない	39.1	42.4	0.0	17.3	15.8	20.0
3. 当該文化芸術活動の資格はない	21.9	20.3	40.0	15.6	11.8	22.4
4. その他	9.4	6.8	40.0	15.2	13.2	18.8
無回答・無効回答者数	3.1	3.4	0.0	5.9	7.9	2.4

（出典）スポーツ庁「運動部活動等に関する実態調査」2017 年

図表 11-9　部活動指導員の指導経験年数

（問）御専門の実技に関するこれまでの指導経験年数について，実数をお答えください。（％）

	中学校 運動部担当			高等学校 運動部担当		
	全体 n697	公立 n676	私立 n21	全体 n578	公立 n363	私立 n215
1. 0～3 年	20.7	20.3	33.3	24.4	20.7	30.7
2. 4～10 年	33.3	33.3	33.3	28.7	28.4	29.3
3. 11～20 年	24.4	24.4	23.8	20.6	21.5	19.1
4. 21 年～	20.4	20.7	9.5	25.3	28.1	20.5
無回答・無効回答者数	1.3	1.3	0.0	1.0	1.4	0.5
平均年数	13.1	13.3	8.4	14.3	15.5	12.2

	中学校 文化部担当			高等学校 文化部担当		
	全体 n64	公立 n59	私立 n5	全体 n237	公立 n152	私立 n85
1. 0～3 年	7.8	8.5	0.0	9.7	9.9	9.4
2. 4～10 年	28.1	30.5	0.0	24.1	23.7	24.7
3. 11～20 年	26.6	22.0	80.0	24.1	24.3	23.5
4. 21 年～	32.8	33.9	20.0	38.4	38.2	38.8
無回答・無効回答者数	4.7	5.1	0.0	3.8	3.9	3.5
平均年数	17.1	17.0	18.8	20.1	19.8	20.7

（出典）スポーツ庁「運動部活動等に関する実態調査」2017 年

11-3 学校教育への理解

部活動指導員に限らず，外部指導者は，部活動が学校教育の一環としておこなわれていることを理解していなくてはならない。たとえば，学校教育と社員教育の違いは何か。同じ教育だが，効率性や合理性を第一義に置かない教育活動が学校教育である。つまり，できないこと，時間のかかることを通じて，豊かな人間性を形成することが重要である。

とかく指導者自身の達成感や成果へのこだわりを優先するあまり，指導が偏り，さまざまな生徒の可能性を狭めてしまうことがある。生涯学習社会を見据えつつ，長期的な視野をもって，辛抱強い指導を心がけるべきである。

教育基本法が定める学校教育

第六条（学校教育）　法律に定める学校は，公の性質を有するものであって，国，地方公共団体及び法律に定める法人のみが，これを設置することができる。

2　前項の学校においては，教育の目標が達成されるよう，教育を受ける者の心身の発達に応じて，体系的な教育が組織的に行われなければならない。この場合において，教育を受ける者が，学校生活を営む上で必要な規律を重んずるとともに，自ら進んで学習に取り組む意欲を高めることを重視して行われなければならない。

「公の性質を有するもの」とは，個人の価値観や思想に影響されず，偏らない普遍的な教育。「自ら進んで学習に取り組む意欲を高めることを重視」とは，他人から強制されることのない，一人ひとりの能力・適性，興味・関心等に応じた教育である。

これらの点を確認し，学校の取組みに対して理解を深めることが必要である。

教育関連法のなかでの学校の位
置付け

図表 11-10　教育関連法

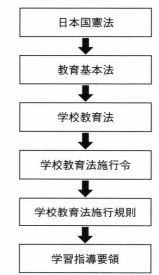

　たとえば中学校については，学校
教育法第3条の規定に基づき，中学
校設置基準が定められている。一学
級の生徒数，学級の編成，教諭の数
等，校舎に備えるべき施設などが，
この省令で定める設置基準を下回ら
ないことはもとより，これらの水準
の向上を図ることに努めなければな
らない。

　教育基本法には「すべて国民は，
ひとしく，その能力に応じた教育を
受ける機会を与えられなければなら
ず，人種，信条，性別，社会的身分，経済的地位又は門地によって，教育
上差別されない」（第4条）とある。そのため，「義務教育については，授
業料を徴収しない」（第5条）と定められている。

　授業内容についても，国の定めた「学習指導要領」があり，使用する教
科書，授業時数などはそれに基づいている。そのため，生徒は全国どこに
いても平等に同じ内容を学ぶことができる。なお，現行学習指導要領で
は，教育課程全体を通して育成を目指す資質・能力を，

ア．何を理解しているか，何ができるか（生きて働く「知識・技能」の習得）

イ．理解していること・できていることをどう使うか（どの状況にも対応で
　　きる「思考力・判断力・表現力等」の育成）

ウ．どのように社会・世界と関わり，よりよい人生を送るか（学びを人生
　　や社会に生かそうとする「学びに向かう力・人間性等」の涵養）

としており，部活動指導者もこれらを十分に理解した上で指導を実践して
いくことが大切である。

そして，日本の学校で教員になるためには，教員免許状が必要である。公立学校であれば都道府県や政令指定都市の教育委員会が実施する教員採用試験に合格し採用されること，私立学校であれば学校法人等がおこなう採用試験等に合格し採用されることが必要である。

　その他にも学校では，部活動，ホームルーム，各種の行事（体育祭，文化祭，修学旅行など）や生徒会活動などさまざまな活動があり，それが民間教育との大きな違いである。

学校教育と民間教育の違い

①学校とは

　学校制度の原型は，ヨーロッパの古代ギリシャにおけるスパルタ教育に代表されるように，理想的兵士のための肉体鍛錬を中心とするシステムであったが，19世紀に入り一般大衆を対象にした学校制度が始まり，その国の国語，国史，国民道徳の教育をメインとし，その国家の国民を育成する装置として機能するようになった。

　この近代学校の登場をきっかけに，さらにフランス革命期のコンドルセの理念が反映されるなどして，義務・無償・中立性という現代の学校の原則の基礎ができあがった。

　この義務・無償・中立性という原則を前提に，現在の学校教育を考えた場合，思想・宗教に偏りない普遍的な教育内容を軸に置くことが重要であり，学校に通うさまざまな生徒にあまねく成長の機会を保障することが肝要である。

②学校教育において優先すべき観点

　学校教育と，その他の民間における社員教育や学習支援，職業技術支援との違いについては，学校教育に携わる立場で理解をしておく必要がある。まず，学校教育と民間教育の制度的な違いは，国の定めた教育関連法のもと，設置基準に基づいているかどうかである。

　次に，教育の基本的な方向性について，学校教育の場合は，効率性や合

理性よりも，人を育てるという観点がもっとも優先される。つまり，いかに早く習得するか，いかに早く上達するかよりも，いかに人として成長できたかという観点を優先する。そのため，できる生徒の能力を伸ばすことはもちろんだが，その時点でできない生徒にも丁寧に辛抱強く指導を続けることが，学校教育では重要な点である。

　たとえば民間のサッカークラブやテニスクラブでは，大会や試合で勝つことや，プロを目指すことの優先順位が高く，自己の競技能力を伸ばすことが優先され，そのプログラムに対して受講料を払う。そしてクラブの指導者は，選手が大会や試合で結果を出すことが自らの実績となり，ビジネス的なアピールポイントにもなる。

　しかしながら，部活動指導者は，指導者としての実績をアピールするために，大会や試合での結果だけに目を奪われ，結果に対する効率性や合理性を優先する指導は避けるべきである。活動においては，成功も失敗もある中で，人格の形成と豊かな人間性を育むことを優先すべきである。

　そのためには，失敗した生徒に対してもどこまでも寄り添い，問題解決の方法を共に探り続けるという姿勢を，学校教育に携わる者として常に心がけてほしい。

教員の勤務体制に対する理解

　外部指導者は，部活動の運営やスケジュール調整について，担当の教員と密に連絡を取りながら協力体制を組む必要がある。そのため，ここで教員の基本的な勤務体制について触れておく。

　教員の勤務時間は，地域によって多少の差はあるが，多くの公立学校の場合，勤務時間は7時間45分（休憩時間を除く）と定められ，土日は休業日となっている。土曜日に授業がある学校は，休みを平日に振り替えるか，夏休みなどの長期休業に振り替えることになる。

　また，休日に練習や試合の引率が入る場合は特殊勤務手当が付くが，部活動のガイドライン（文部科学省）によって，休業日の活動時間は3時間

程度と定められているため（2－3参照），終日引率しても手当は3時間分となる。

　私立学校については，学校の特性と教員の雇用形態によって異なるので，あらかじめ担当の教員に確認する必要がある。

　部活動の指導監督は，生徒の最終下校時間までとなるため，その時間まで在校している必要があるが，その場合は一般的に勤務時間外となることが多い。生徒の下校を確認した後に，翌日の授業の準備等をすることもある。こうした教員の勤務実態を知っておくことは，部活指導における協力体制を組む上で望ましい。

図表 11-11　ある公立高校教員の1日のタイムスケジュール

8：00	出勤
8：30	授業（50分）
9：30	会議
10：30	授業（50分）
11：30	教材研究
12：20	昼休み：実際には， ・委員会指導 ・生徒の呼び出し （教科，部活動等に関すること）
13：10	授業（50分）
14：10	授業（50分）
15：00	ホームルーム 清掃
15：40	・会議 ・部活動 ・個別指導
17：00	生徒下校（一般の生徒下校）
18：30	最終下校（部活動の生徒下校）
19：00	退勤

■ 8：30 ～ 17：00　勤務時間

公立学校の教員の残業手当

　教員の残業については，1971年に制定された「給特法」（「公立の義務教育諸学校等の教育職員の給与等に関する特別措置法」）において，手当が支給されないことが定められている。残業手当が支給されない代わりに，毎月，基本給の4％に相当する「教職調整額」が支給されている。

図表 11-12　高校生の土日の活動時間

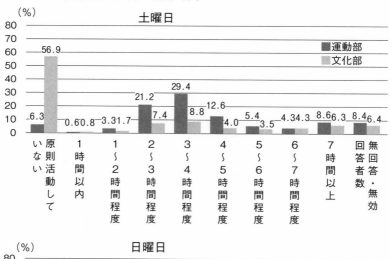

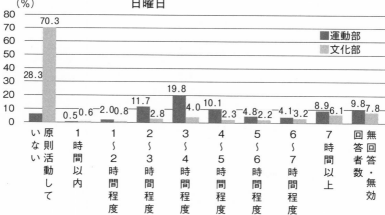

（出典）文化庁「文化部活動の活動状況について」

　部活動の顧問には，ひとつの部に複数の教員がつくことが多いので，活動日により担当教員が違う場合がある。そのため外部指導者は，主顧問だけでなく，副顧問の教員ともつながりをもっておくことが望ましい。

　校内において外部指導者だけで指導している場合，担当の教員が通常ど

こにいるのかを理解，把握することで，部活動中にトラブル等が起きた場合に，迅速に連携して対応できる。

　たとえば進路担当の教員は大職員室ではなく進路指導室にいる場合が多い，体育科の教員は体育教官室にいる場合が多いなど，担当の教員を訪ねる際の居場所を把握しておくとよい。

　なお，図表11-12からも読み取れるように，土日の活動については，3時間から4時間が一番多い。文化部は，全体的に土日の活動時間が少なく，とくに「原則として活動していない」が突出して多い。ただし，文化部の中でも，熱心に活動する部と，そうでない部との活動時間の格差は著しい。

情報管理の徹底

　学校では，生徒の個人情報が漏洩（ろうえい）することがないよう，厳密な管理が義務付けられており，それを扱う教職員も情報管理の厳密性を求められている。個人情報とは，生徒の

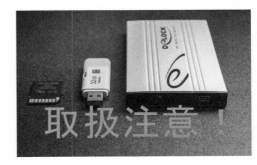

名前，住所，成績，写真，生年月日などである。

　たとえば多くの学校では，記録メディアや個人のパソコンを校内で使用することは禁止されているため，情報を外部に持ち出したり，持ち込んだパソコンに保存したりすることはできない。また，学校のパソコンを使用して，インターネットで業務外のアクセスをすることも禁止されている。

　外部指導員も生徒の個人情報に触れることになるため，管理を徹底し，慎重に扱う必要がある。

　学校では，生徒の顔が写った写真をホームページに載せる場合には，保護者に許可を得る。部活動指導者が，生徒個人が特定できる写真や動画を，本人，保護者，学校の許可なくブログやSNS等にアップすることは

厳禁である。

　練習や大会に関することで生徒と連絡を取り合う場合に，携帯電話を利用する場合もあるが，メールアドレスなどが外部に漏れないよう，十分な配慮が必要である。

　練習や試合などを撮影したカメラ，スマートフォンや，それらを保存したパソコンや記録メディア（SD カード，USB メモリ，HDD 等）の取り扱いには十分に注意すること。移動時に電車などに置き忘れ，それらを紛失してしまうと，条例により個人情報漏洩に対する行政処分を受けるリスクがある。

新しい時代にふさわしい
コーチングの確立に向けて
〜グッドコーチに向けた「7つの提言」〜

(コーチング推進コンソーシアム（スポーツ庁委託事業）2015（平成27）年3月13日)

　コーチング推進コンソーシアムでは，全ての人々が自発性の下，年齢，性別，個別の能力に関わらず，それぞれの関心・適性等に応じてスポーツを実践する多様な現場でのコーチングを正しい方向へと導くため，「グッドコーチに向けた『7つの提言』」を取りまとめています。是非，運動部活動の顧問としての立場で考えてみてください。

1　暴力やあらゆるハラスメントの根絶に全力を尽くしましょう。

　暴力やハラスメントを行使するコーチングからは，グッドプレーヤーは決して生まれないことを深く自覚するとともに，コーチング技術やスポーツ医・科学に立脚したスポーツ指導を実践することを決意し，スポーツの現場における暴力やあらゆるハラスメントの根絶に全力を尽くすことが必要です。

2　自らの「人間力」を高めましょう。

　コーチングが社会的活動であることを常に自覚し，自己をコントロールしながらプレーヤーの成長をサポートするため，グッドコーチに求められるリーダーシップ，コミュニケーションスキル，論理的思考力，規範意識，忍耐力，克己心等の「人間力」を高めることが必要です。

3 常に学び続けましょう。

　自らの経験だけに基づいたコーチングから脱却し，国内外のスポーツを取り巻く環境に対応した効果的なコーチングを実践するため，最新の指導内容や指導法の習得に努め，競技横断的な知識・技能や，例えば，国際コーチング・エクセレンス評議会（ICCE）等におけるコーチングの国際的な情報を収集し，常に学び続けることが必要です。

4 プレーヤーのことを最優先に考えましょう。

　プレーヤーの人格及びニーズや資質を尊重し，相互の信頼関係を築き，常に効果的なコミュニケーションにより，スポーツの価値や目的，トレーニング効果等についての共通認識の下，公平なコーチングを行うことが必要です。

5 自立したプレーヤーを育てましょう。

　スポーツは，プレーヤーが年齢，性別，障がいの有無に関わらず，その適性及び健康状態に応じて，安全に自主的かつ自律的に実践するものであることを自覚し，自ら考え，自ら工夫する，自立したプレーヤーとして育成することが必要です。

6 社会に開かれたコーチングに努めましょう。

　コーチング環境を改善・充実するため，プレーヤーを取り巻くコーチ，家族，マネジャー，トレーナー，医師，教員等の様々な関係者（アントラージュ）と課題を共有し，社会に開かれたコーチングを行うことが必要です。

7 コーチの社会的信頼を高めましょう。

　新しい時代にふさわしい，正しいコーチングを実践することを通して，スポーツそのものの価値やインテグリティ（高潔性）を高めるとともに，スポーツを通じて社会に貢献する人材を継続して育成・輩出することにより，コーチの社会的な信頼を高めることが必要です。

望ましい部活動指導のための
チェックシート

（福島県「部活動指導員手引き」より）

管理面

☐ 学校教育の一環として行われる部活動は，部活動顧問等の指導の下，スポーツ等に興味や関心を持つ同好の生徒による，自主的・自発的な参加によって行われる活動であることを理解している。

☐ 部活動顧問等の一方的な方針で活動するのではなく，生徒との意見交換等を通じて生徒の多様な部活動へのニーズや意見を把握し，目標や指導の方針を設定している。

☐ 担当する部活動の方針や目標を生徒や保護者に周知している。

☐ 学校の部活動の方針に則して，担当する部活動の年間活動計画を作成し，毎月の活動計画及び活動実績を校長に報告している。

☐ 年間活動計画と毎月の活動計画を生徒及び保護者に周知している。

☐ 学校が設定した部活動の方針に則して，休養日，練習時間の上限を設定し，遵守している。

☐ 校外で練習や試合等を行う場合は，毎回，事前に校長の承認を得ている。

☐ 部費や遠征費など，家庭の経済的負担を軽減するよう注意しているとともに，必要な場合は，丁寧に説明している。

☐ 外部指導者と十分な連絡・調整を行い，トラブルの防止に努めている。

☐ 定期的に会計処理の状況を確認し，管理職に報告している。

☐ 定期的に施設や用具の安全点検を実施している。

☐ 体罰となる行為を理解し，絶対にしないようにしている。

指導面

- [ ] 生徒とのコミュニケーションを大切にし，生徒が楽しく真剣に活動している。

- [ ] 個々の生徒の健康，体力等の状況を事前に把理するとともに，練習中に声を掛けて生徒の反応を見たり，疲労状況や精神状況を把握したりしながら指導している。

- [ ] 生徒の活動の様子などについて，積極的に担任や保護者等と情報を共有している。

- [ ] 事故発生時の対処方法について，学校の危機管理マニュアルによって理解している。

- [ ] 心肺蘇生法やAEDの手順や方法，AEDの設置場所について理解している。

- [ ] 定期的に心肺蘇生法の講習会に参加している。

- [ ] 頭部を強打した場合に，注意すべき「セカンドインパクト症候群」について理解している。

- [ ] 熱中症予防のため，休息や水分補給を意図的に行うとともに，生徒に対し啓発している。

- [ ] 不適切な指導がどのような指導かを具体的に知っている。

- [ ] 生徒との私的な電子メールやSNS等のやりとりは行っていない。

- [ ] パワーハラスメントやセクシャルハラスメントと判断される言葉や行為に注意し，指導している。

- [ ] 自分の実践や経験による指導だけでなく，科学的な理論や根拠に基づいた指導法や指導内容を導入している。

- [ ] 多様な面で指導力を発揮できるよう，継続的に資質能力の向上を図っている。

- [ ] トレーニングで身体に負荷をかけた後，適切な栄養と休養を取ると，それまでの体力水準より高い水準まで回復することを知っている。
（超回復の原理）

- [ ] トレーニングの三原理，五原則を理解し，実践している。

執筆者

中屋 晋（なかや しん）
一般社団法人 日本部活指導研究協会 代表理事，株式会社 SystemG Tennis 代表取締役，日本部活動学会 理事。日本プロテニス協会および米国プロテニス協会認定プロフェッショナル。
18 年間の高校教員生活の後，オーストラリアに渡りテニスコーチを務める（2003～06 年）。東京都の委嘱で都立高校 4 校の外部指導者も経験した。

大亀靖治（おおかめ やすはる）
1986 年生まれ。株式会社おもれい 代表取締役。

大津信亮（おおつ のぶあき）
1971 年生まれ。一般社団法人 日本部活指導研究協会 理事。株式会社 Beyond the Limits 代表取締役。著書『部活動指導で生徒の主体性を育てる』（Book Trip，2019 年）。

高野 泰（たかの ゆたか）
1981 年生まれ。一般社団法人 日本部活指導研究協会 理事。合同会社 SUN・PLUS 代表社員。

板橋泰洋（いたばし やすひろ）
一般社団法人 日本部活指導研究協会 理事。

西澤 隆（にしざわ たかし）
1977 年生まれ。一般社団法人 日本部活指導研究協会 理事。日本スポーツ協会コーチトレーナー。

一般社団法人 日本部活指導研究協会 主催
部活動指導員検定試験
安心して任せられる部活動指導者を認定する試験。3 級・2 級・1 級・上級の各級について，認定資格を付与します。詳細はウェブサイトをご覧ください。

https://bukatsujapan.jimdofree.com/

監修

一般社団法人　日本部活指導研究協会

（いっぱんしゃだんほうじん
にほんぶかつしどうけんきゅうきょうかい）

部活動が抱える諸問題を解決するため，部活指導に携わる人た
ちに研修や情報提供をおこなっている。部活動指導員検定試験
（3級～上級）を実施している。

https://bukatsujapan.jimdofree.com/

装幀　森デザイン室
カバーイラスト（人物）　スタジオ パペル

部活動指導・運営ハンドブック

2020年3月24日　第1刷発行　　　　　　定価はカバーに
　　　　　　　　　　　　　　　　　　　表示してあります

　　　　　　　　　　監　修　一般社団法人
　　　　　　　　　　　　　　日本部活指導研究協会

　　　　　　　　　　発行者　　中　川　　進

　　　　　　〒113-0033　東京都文京区本郷2-27-16

発行所　株式会社　大 月 書 店　　印刷 三晃印刷
　　　　　　　　　　　　　　　　　　製本 中永製本
　　電話（代表）03-3813-4651　FAX 03-3813-4656　振替 00130-7-16387
　　http://www.otsukishoten.co.jp/

© Nakaya Shin *et al.* 2020

そろそろ、部活のこれからを
話しませんか　未来のための部活講義
中澤篤史　著
四六判二七二頁
本体一八〇〇円

子どもとスポーツのイイ関係
「苦手・嫌い」が「得意・好き」に変わるコーチングの極意
山田ゆかり　著
四六判一七六頁
本体一六〇〇円

これならわかる
オリンピックの歴史Q&A
石出法太・
石出みどり　著
A5判一七六頁
本体一六〇〇円

半径5メートルからの
教育社会学
片山悠樹・内田　良
古田和久・牧野智和　編
A5判二三四頁
本体二二〇〇円

大月書店刊
価格税別